The World's Best Physical Management

No.1アスリートを育てた
カリスマトレーナーが教える

世界最高のフィジカル・マネジメント

誰もが健全なカラダに生まれ変わる
3つのメソッド

中村 豊
Yutaka Nakamura

ダイヤモンド社

Introduction

はじめに

「フィジカル・マネジメント」。あまり聞き慣れない言葉だと思います。これは人が若々しく、健康で、ポジティブでいられるための秘密の法則です。身体と心を強く美しく整えることによって、10年後、20年後のあなたの人生を正しくマネジメントするのです。

そのために必要な3つのメソッド、「トレーニング」「リカバリー」「栄養」について、これからじっくりとお話しさせていただきます。

僕は、これまでの30年にわたるトレーナー人生で、ジェニファー・カプリアティ、ネリー、ジェシカのコルダ姉妹、錦織圭《にしこりけい》、マリア・シャラポワ、大坂《おおさか》なおみ……といった素晴らしいアスリート達と共に仕事をする機会を得ました。トレーナーとして指導する立場でありながら、彼らからもまた、たくさんのことを学んでいます。自らを節制し日々向上していく様、プロフェッショナルであろうとする姿勢……。

そんな超一流のプロ達と接する中で、彼らを勝利に導き個々のパフォーマンスを極限まで引き出す、それがトレーナーとしての自分の使命と考えてきました。しかし、高いピーキング状態で競技を続けると、どうしても怪我が増えてしまうのです。身体を壊せば試合には出られず、当然トレーニングも行えません。試行錯誤するうち、僕の中で次第にこれまでとは少し違う意識が生まれてきました。

それはアスリートの状態を見ながら、健康な身体を維持するという**フィジカル・マネジメントの考え方**です。フィジカル・マネジメントを追究していく中で、僕が意識してきたことの集約が**「トレーニング」「リカバリー」「栄養」**です。この3つのメソッドが整ってこそ、レベルの高いパフォーマンスが発揮できるのです。

激しいトレーニングを行ったら、睡眠・休養を取り、ストレッチ等で身体のリカバリーを行わないと筋力は効率良く向上せず、故障を招くことさえあります。そして、正しい栄養補給によって身体は成長し、健康が保たれるのです。

3ページの三角形の図は、アスリートがトップを目指す場合の各段階を示しています。一番上の三角形「競争」レベルを勝ち上がればトップに辿り着きます。その下の「スキル（技術・戦術）」はアスリートの技術と戦術を身につける領域です。元々僕はこの「スキル」より上のレベルを鍛えることがプロトレーナーの役割だと考えていました。

しかし、どんなアスリートにとってもその下の「パフォーマンス」を発揮するために基礎的なトレーニングが必要です。そしてさらに根幹を支えるのは心身の「ウェルネス（健康）」です。この土台が整ってこそパフォーマンスが発揮でき、スキルを習得し、トップに挑むことができるのです。

本当に重要なのはベースである心と身体

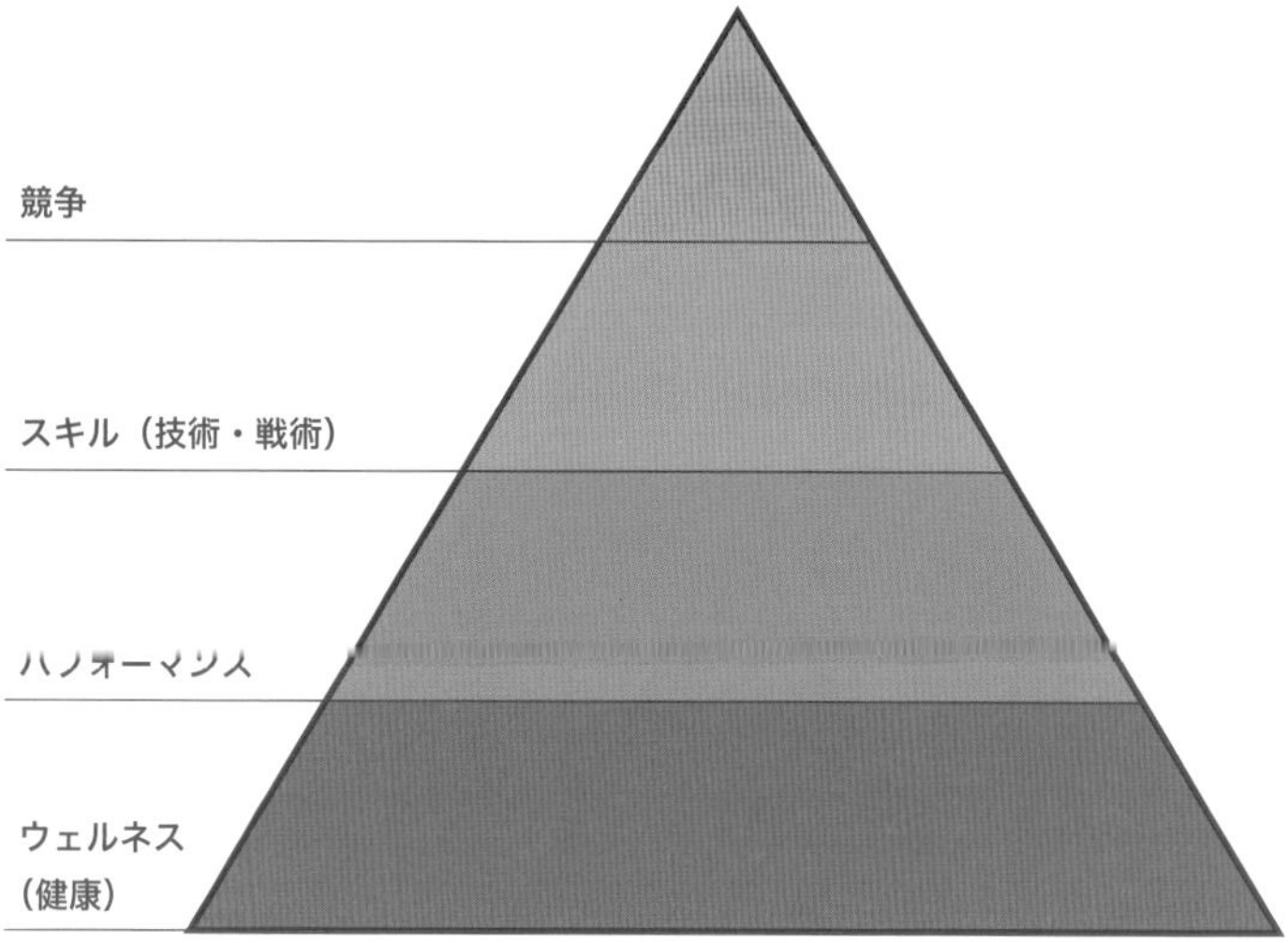

の「健康」である。これに気づいたことで、僕の指導法もフィジカルを高めるだけでなく、それをいかにコントロールするかにシフトしていったのです。

そして、**このフィジカル・マネジメントは、アスリートだけでなく一般の方々にとっても有用なのではないか**と考えるようになりました。皆さんの日々のパフォーマンスを支えるのは身心の「健康」で、これはアスリートと変わりません。そこで、**これまでアスリートを育てるために活用してきた最先端のトレーニング法、科学的根拠に基づいた身心の整え方を、より多くの人達に伝えられれば**と考えて本書の執筆に至りました。

僕は高校卒業後に渡米し、日米での生活を体験しています。国民性の違いを実感することも多いですが、両国に共通だなと感じることがあります。それは、健康に対する意識がとても高いということです。日米共に医療が発達しているし、多くの人が普段から健康に関心を払っています。

大きく異なる部分は、スポーツに対しての考え方で、アメリカの方がよりスポーツが日常に溶け込んでいると感じます。多くのビジネスマンは週末にスポーツを楽しみ、日課としてジムに通っています。また、中学、高校、大学でスポーツに取り組む学生も日本より多い印象があります。

競技指向のプレーヤーもいれば、レクリエーションとして楽しむことも盛んで、またスポーツ観戦も人気があり、必然的にスポーツへの関心が高くなっています。

スポーツで身体を動かせば、新陳代謝が促進され、脳も活性化されます。運動、トレーニングを行うことで、その人間が持つエネルギーは必ずアップします。エネルギーに満ちれば思考もポジティブになり、成功への道も開かれる、こう考えるのがアメリカ流です。


「格差社会」という言葉が使われて久しいですが、今、アメリカで懸念されているのは「健康格差」です。これは経済格差よりも深刻な問題です。経済的な豊かさと生活の充実度は、必ずしも一致するものではありませんが、健康を損ねた状態で人生を謳歌することはできないからです。

生活意識の高いアメリカ人は日頃からスポーツを楽しみ、ジムに通うことが日常になっています。また食への意識も高く、素材にこだわり栄養のバランスを考え、カロリー計算にも余念がありません。心も身体も健全であるがゆえに活力がみなぎり、ビジネスにも精力的に取り組めるため、経済的にも豊かになっていきます。

一方、生活意識の低い人は運動に興味もなく、ファストフードやチープな高カロリー食を食べて不健康に太りがちです。さらに健康を損ねれば経済状況も苦しくなるでしょう。これは「思考回路の貧富の差」と言えると思います。


僕も若い頃は健康の重要性を切実には感じていませんでした。しかし、自身が年齢を重ね、また両親が老いに苦労しながら日々闘っている姿を見ると、身心を整えることが人生においていかに大事かということを実感します。一方、僕の両親と同じ80歳前後でも現役で仕事をし、スポーツに励んでいる方々も存在します。

その二者を分けるものは何なのか。僕は2つの時計というものを考えます。

1つめの時計は暦《れき》年齢を示します。加齢にしたがってみな平等に右回りに針が動いていきます。

2つめの時計は、生物学的年齢を示します。これは身体の機能、健康状態を示す時計で、老化することで針は右回りに動いていきます。身心を整えたり、積極的に行動したり、ポジティブな思考を持つことで、時計の針が進むスピードを遅くしたり、逆回転させることも可能です。

年齢を経るとどうしても肉体的な変化が現れます。体力がなくなり身体が動かなくなる、あるいは痛みが出たりすると、外に出るのが面倒になります。**肉体が老化すると気力も低下します。気力が低下すると考え方もネガティブで保守的になってきます。人生に対しても保守的になって、さらに老化が加速するという、負のスパイラルに陥ってしまうのです。**

私生活、食生活、エキササイズ、ストレスコントロールなど、ライフスタイルによって2つめの時計の針の動きが変わります。この時計の針をいかに逆回転させるか、その方法こそが「トレーニング」「リカバリー」「栄養」であると僕は考えています。

本書では様々なフィジカル・マネジメントの方法を紹介していますが、全てを実践するのはなかなか大変だと思います。ですから、気になったメソッドから始めていただければ良いのです。必ずあなたの身体が変わっていくことが実感できるはずです。**身体が変化して活力がみなぎれば、気持ちも高揚するし、思考回路もポジティブになります。**

生物学的年齢を示す2つめの時計は20代から動き始めます。20～30代ではまだ大きく差は出ません。40代に入ると次第に差が現れ、それは目に見えて明らかになってきます。生物学的年齢が若ければ、外面的には肌艶《はだつや》の良さ、身体のキレ、フレキシブルな頭脳となって現れます。内面的には血管年齢、脳神経機能、筋肉、ホルモンバランス等として現れます。

この時計の針は戻すことができます。つまり、**何歳から始めても遅くはないのです。脳も身体も鍛え始めれば、その時点から必ず成長します。**若く健康で、アクティブでありたいというのは、多くの方の願いでしょう。**フィジカル・マネジメントによって、誰もがアンチエイジングを叶えることができるのです。**

Physical Management

Contents

もくじ

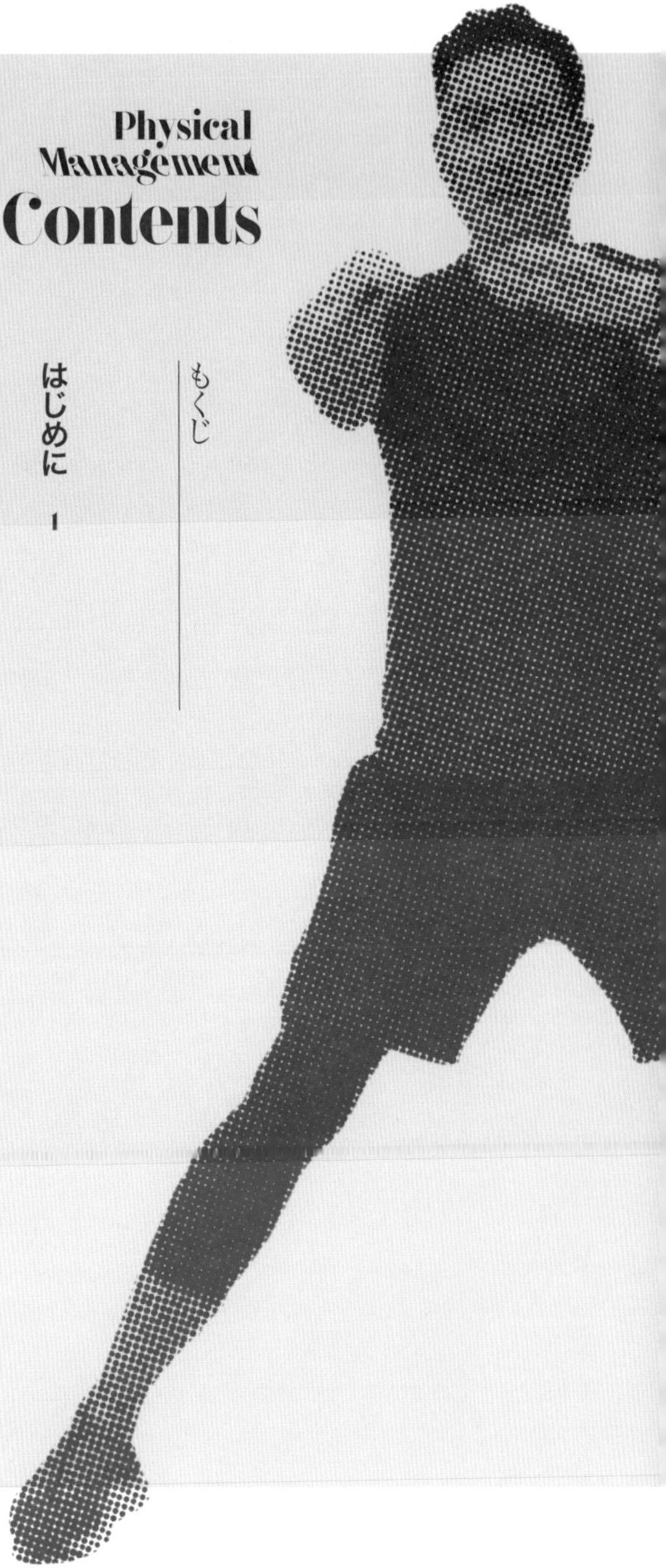

Physical Management Method 1

Training
トレーニング

Physical Management Method 2

Recovery
リカバリー

Physical Management Method 3

Nutrition
栄養

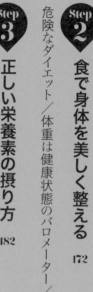

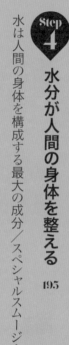

The World's Best Physical Management
No.1アスリートを育てた
カリスマトレーナーが教える
世界最高の
フィジカル・
マネジメント
誰もが健全なカラダに
生まれ変わる
3つのメソッド

Prologue
プロローグ

実際のフィジカル・マネジメントの解説をスタートする前に、僕がどのようなキャリアを経て今の考えに辿り着いたかを、お伝えしたいと思います。

僕が関わったトップアスリート達とのエピソードは、読者の皆さんに何かしらの刺激とパワーを与えるものだと信じています。


元々はテニスプレーヤーを目指していた僕は、1990年に高校を卒業してアメリカに渡り、ハリーホップマン・テニスアカデミー（現サドルブルックアカデミー）に留学しました。

当時の僕の実力と言えば、日本でさえ全国大会に進めない程度。それでも、テニスに対しての情熱は誰よりも強いという自負がありました。日本では通用しなかったが、自分のテニスの才能は本場アメリカでなら開花するのではないか、そんな無謀な思い込みを持って渡米したわけです。

しかしその夢想は見事に打ち砕かれました。アカデミーには70〜80人の生徒が所属していました。全員が自分より年下ですが、各国から世界を目指す精鋭が集まっているわけです。彼らと一緒に寄宿舎で生活し、練習やトレーニングを続ける中で、次第に自分の実力を思い知らされました。一番年長なのに、まだ身体もできあがっていない13歳の子どもに歯が立たない。

アメリカにまでやってきて自分は何をしているんだろうと、さすがに打ちひしがれる日々でした。そんな現状や悩みを聞いてもらいたくて、日本にいる友人に長文の手紙を書き送るのが、唯一のストレスのはけ口でした。今ならインターネットで海外とも気軽に連絡が取れますが、その頃は国際電話代が高額で、2〜3分話すだけで数千円かかる時代です。送った手紙の返事が戻ってくるのは2〜3週間後、ひどく待ち遠しかったのを覚えています。

アカデミーで突きつけられたプレーヤーとしての限界。当初はショックでしたが、現実を知れたことで自身を客観的に見られるようになりました。

その時にトレーニングを指導してくれたチリ出身のパット・エチェベリとの出会い

が自分の運命を変えました。エチェベリのトレーニングは厳しく、生徒達はみな彼を恐れていました。しかし、その指導の的確さを理解するにつれ、次第に僕はトレーニングというものに興味を抱き始めたのです。

中高生の頃から、ことテニスに関しては研究熱心で、練習法、メンタル、食についての様々な知識を得ていた僕にとって、彼の指導法はとても腑に落ちるものでした。

僕が留学した1990年頃、まだ専門職のトレーナーは稀《まれ》な存在でした。技術的なことを教えるテニスコーチはいても、トレーナーという職業はまだ確立していなかった時代で、エチェベリはパイオニア的な人物でした。

時間があれば彼に質問をし、様々な話をするうちに、次第に自分の中でトレーナーという職業への憧れが芽生え始めました。ある日、意を決しエチェベリにそんな思いを打ち明けると、「本気でこの道に進みたいなら、アメリカの大学で勉強しなさい」と勧められたのです。

そこで、スポーツ科学を学べる大学への進学を決めました。アメリカの大学は入るのは比較的楽ですが、入ってからが大変です。英語も満足にできなかったので、授業中に言葉が分からない。さらに自分が専攻するスポーツ科学の専門用語を理解するのは大変でした。とにかく毎日図書館に通い詰め、それまでの人生で初めて真剣に勉強した時期でした。

スポーツ科学を学ぶ中で、その奥深い魅力にとりつかれ、一生の生業《なりわい》としたい気持ちが膨らんできました。そこでハリーホップマン・テニスアカデミーのディレクターに直接手紙で頼み、提出したレポートが認められ、無事職を得ることになったのです。

働き始めて面食らったのは、まだ指導経験もない1年目から仕事の裁量を任されたことです。とにかくやらせてみてダメなら教え、見込みがなければ別の人間に替える。そういうアメリカ社会の合理性に衝撃を受けました。一方、自分が学び考えたければ始まらない、そこにやりがいも感じたのです。

復活した天才少女・カプリアティ

ハリーホップマン・テニスアカデミーには才能のある若きアスリートが人勢所属し

ています。彼らを指導している中で、さらに運命的なアスリートとの出会いがありました。そのアスリートの名はジェニファー・カプリアティ。

カプリアティは、1992年、16歳の時に当時のテニス界の女王シュテフィ・グラフを破り、バルセロナオリンピックで金メダルを取って将来を嘱望されていました。しかしあまりに若くして注目を集めすぎたため、身心のバランスを崩しバーンアウトしてしまったのです。ちなみに、女子テニス界でプロツアー出場の年齢制限が定められるようになったのは、彼女を教訓としたものです。

そのカプリアティが復活を期すため、アカデミーにやってきたのです。カプリアティのコーチは父親であるステファノが務めていました。僕が彼女のトレーニングを担当したことで、カプリアティの状態について色々と尋ねられるようになり、それがきっかけで交流が始まりました。そのステファノからある日突然、「明日から専属でトレーニングを見て欲しい。練習は2時からだから、よろしく」と言われたのです。まだ何の実績もない自分への依頼に驚きましたが、僕が試行錯誤しながらもチャレンジしていることを評価してくれたのだ、と素直に嬉しい気持ちでした。

カプリアティの専属トレーナーに就任したのは2000年のことです。

その頃、トレーナーをツアーに帯同させるというのは例のないことでした。それはトレーニングの重要性をいち早く感じていた、カプリアティの父親ステファノの先見の明だったのでしょう。

当初はとにかく、試合前のウォームアップからクールダウンまで、自分の知識を総動員して全くオリジナルの指導を行いました。また、コーチでもあるステファノ、練習相手を務めるヒッティング・パートナー、僕、そしてカプリアティの4人で、朝食は毎日一緒にとってコミュニケーションをはかるようにしました。この情報共有の方法は、現在多くのチームで見られるようになっています。

カプリアティがアキレス腱の故障を抱えていたこともあり、朝食の後には30分、入念にストレッチを行うことを日課としました。ストレッチの重要性が今ほど認識されていない頃でしたが、この指導法は功を奏したと自負しています。

コート上の練習だけでなく、コート外でフィジカル・トレーニングを行うことによって、彼女のテニスは一変しました。試合中の運動量が増え、動きも俊敏になったのです。テニス界にも次第に「スポーツ科学」の考え方が取り入れられ始めたところでした。カプリアティはそれに先鞭《せんべん》をつけたプレーヤーだったと言えるでしょう。

この2000年、カプリアティは全豪オープンで4強入り、ウィンブルドンと全米では4回戦進出に留まりましたが、確実にランキングを上げて年末にはトップ10間近にまで迫りました。そして翌2001年、カプリアティは全豪オープンで女王マルチナ・ヒンギスを破り、念願のグランドスラムの栄冠を得ます。そして続く全仏でも優勝。そのような劇的な場に身を置けたことは本当に貴重な経験だったと思います。

また世界各地で行われるツアーに付き添ったことで、僕自身のスキルも格段に上がりました。そしてこのようなビッグチャンスを得て実績ができたことで、次への道が開かれていったのです。

錦織圭の卓越したセンス

カプリアティとの契約も無事終了、さてこれからは自分で独立して仕事を始めようかと考えていたところに、ハリーホップマン・テニスアカデミーで共に仕事をしていた桜井隼人《さくらいはやと》コーチと米沢徹《よねざわとおる》コーチから、お話をいただいたのです。盛田ファンドから3人のジュニアテニスプレーヤーをニック・ボロテリー・テニスアカデミー（現IMGアカデミー）に送り込むことになった。ついては、トレーニング担当を探しているので興味はあるか？ と。2003年のことです。

盛田ファンドというのは、元ソニー副社長の盛田正明《もりたまさあき》さんが立ち上げた、日本の有能なジュニア選手を発掘し、世界レベルのテニスプレーヤーに育てるという壮大なプロジェクトです。

日本からトッププロを、というのは自分がなしえなかった夢の実現でもあり、願ってもないチャンスでした。その時に日本からやってきた3人が、富田玄輝《とみたげんき》、喜多《きた》文明《ふみあき》、そして錦織圭でした。

みな13歳～14歳でほぼ同年代の、まだ幼さが残る中学生。正直その時にはこの中から世界トッププレベルの選手が育っていくなんて想像もしていませんでした。なぜなら当時の日本人の世界ランク最高位は松岡修造《まつおかしゅうぞう》さんの46位。修造さんは体格にも運動能力にも恵まれ、日本人のウィークポイントだったサービス力も抜群。その上、テニスに対しての情熱も人一倍という、これほどの逸材は日本のテニス界には二度と現れないだろう、というくらい突出した存在だったわけです。

やってきた3人はプレーの能力は非常に高かったけれど、修造さんほど体格に恵まれていたわけではありません。だから、盛田ファンドにおいても、松岡修造に続く世界ランク100位以内の選手の育成、というのが現実的な目標でした。

ただ、身体は小さかったけれど、錦織のテニスセンスがずば抜けていることは一目瞭然でした。身体の動かし方、ラケットを握った時の雰囲気……彼の最大の武器はボールをひっぱたけるという部分です。自分が叩き込もうと思った時にミスをせずにハードヒットできる能力。練習でなら可能ですが、実際の試合で躊躇なく行えるのは、まさに天性の才能だと感じました。

たとえればピッチャーが160キロのストレートを投げられるとか、ゴルファーがドライバーで350ヤード飛ばすといった、努力しても得ることができない生まれ持った特別な才能です。

また、錦織はとてもクレバーなプレーヤーでした。ある日、息抜きに生徒達に5対5のサッカーをさせたことがありました。錦織はサッカー経験もあると聞いていたので、どんなプレーをするか楽しみに見ていました。すると錦織はみながボールを追い

左から内山靖崇《うちやまやすたか》（ランキング最高位78位のプロテニス選手）、著者、ニック・ボロテリー（ＩＭＧアカデミーの創設者）、錦織圭。
2007年、ニック・ボロテリー・テニスアカデミーにて

かけているというのに、その輪から外れたところにポツンといることが多いのです。しかし、よく見ていると、彼はフィールド全体を見てポジションを取り、どうしたら点を取れるかを考えながら動いていることが次第に理解できました。本当にスポーツＩＱの高い子だと感心したものです。

そんな錦織もアカデミーにやってきた当初は、トレーニングにはあまり熱心ではありませんでした。僕はテニスにとって重要なのは下半身だと考え、ランニングを重点的に取り入れていました。しかし、錦織はコート内でのプレーが好きなタイプなので、ランニングはマイペースで、他の練習ほど真剣に身を入れません。そこで僕が走るということの重要性をしつこく説くうちに、次第に彼も理解してくれるようになったのです。そして走るトレーニングを繰り返すことで、実際にスピードが変わることに気がついてからは、本当に真剣にランニングを行うようになりました。

トレーニングが実際のプレーの幅を広げてくれるということに気がついてから、僕のアドバイスもしっかり聞いて、それを上手に取り入れてくれるようになったのです。強くなるという目的には恐ろしいほどに貪欲である、まさにトッププレーヤーが必ず備えている資質を持っていたわけです。

錦織の強さについて、当時僕が一緒に指導していた喜多文明君がインタビューでこんな面白いことを語っていました。「圭は競った場面、緊張する場面で、それまでの内容を理解してさらに一段上のプレーができる。いちかばちかでも、守りに入るのでもない。その感覚は僕には分からなかった」（スポニチアネックス）

彼らがアカデミーにやってきた頃、３人に実力的な差はありませんでした。でも強くなる選手というのは、重要な場面で一段上のプレーができるものです。これは僕がプレーヤー時代にも感じていたことです。試合に勝つ選手というのは必ず大切なポイントを取ることができる、この感覚がどうしても僕には持てなかったのでプレーヤーを諦めた部分もあります。

例えばテニスのトップ10と１００位以内のプレーヤーとの間に技術的に大きな差はありません。それでも、この両者が対戦すると勝つのはトップ10プレーヤーなのです。そういった部分にも注目してプロスポーツを見てもらえると面白いと思います。

マリア・シャラポワとの挑戦

ＩＭＧアカデミーには常にトップアスリートが在籍していたので、日々非常に刺激的でした。アカデミーの創設者ニック・ボロテリーは、テニスに魅了されてアカデミーを始めたのですが、コートでの練習だけでは不充分だという考えを持っていました。プレー以外のトレーニングやメンタルタフネス、今では当たり前になっている、こういったプログラムをいち早く取り入れたのです。

スポーツ心理学の権威ジム・レーヤーをアカデミーに迎えたり、先に紹介したパット・エチェベリといったトレーニングの専門家をチームに加えたり、素晴らしいアスリートを育成するためには何が必要か、常にフレキシブルに考えることができる指導者でした。スポーツは技術だけでなく、トレーニングやメンタルも非常に重要である、という彼の理念が僕の根底に植え付けられていると思います。

ＩＭＧにはその評判を聞きつけ、トミー・ハース、マリー・ピアースといったテニス界のトップ選手達がトレーニングに訪れるようになりました。彼ら一流選手達を指導し交流できたことが今の自分を作っています。トップアスリートは常人とは明らかに能力が異なります。これくらいの敏捷性があるから、このレベルのトレーニングはこなせるだろうと思ったら、それを上回る能力を見せつけてくるのです。まさに最高に贅沢な実験環境でした。

アカデミーではアメリカンフットボールや野球など、テニス以外のプレーヤーと交流を持てたことも貴重な経験です。特にアメフトの選手の運動能力は驚くほどハイレベルでした。僕がテニスプレーヤーに対して、テニスという競技を超えたトレーニングをさせたいと考えるようになったきっかけが彼らの存在です。

マリア・シャラポワとの出会いもＩＭＧでした。彼女はツアーの合間に数週間滞在し、その際のトレーニングを僕が担当していました。その関係から彼女が練習拠点にしているロサンジェルスでトレーニングを見て欲しいと呼ばれるようになり、彼女と過ごす時間が増えていきました。

僕は２０１０年から一旦ＩＭＧアカデミーを離れて、オーストラリアのテニス協会の仕事をしていたのですが、翌年アメリカに戻ってきたタイミングで、シャラポワから声をかけてもらったのです。

シャラポワはすでにテニス界の女王として君臨していましたが、４つのグランドスラム（全豪・全仏・全英・全米）タイトルの中で、全仏オープンだけ優勝がありませんでした。フランスのパリで行われる全仏オープンはクレーと呼ばれる土のコートで開催されます。クレーコートでのテニスは独特の技術が要求されます。シャラポワのプレースタイルはクレーコートにフィットしておらず、土のコート独特の身体の使い方や、砂の上をスライディングするフットワークを苦手としていました。

しかし、完璧主義の彼女は、どうしても全仏のタイトルを欲していたのです。シャラポワはフィジカルを鍛え直すこと、これが全仏制覇の鍵だと考え、専属トレーナーを求めていたのです。トップを極めても、アスリートとしての能力をさらに高めたいという強い気持ちを持つシャラポワとの仕事は刺激的でした。

アスリートの専属トレーナーというのは非常に微妙な立場にあります。なぜなら指導者でありながら、雇い主は選手側であるためです。

強いプレーヤーというものは今自分は何をすべきか、現状を把握し、等身大の自分の姿を鏡の前で、くっきりと映し出せるものです。しかし、鏡の中には、見たい部分も見たくない部分も映ります。トレーナーの役割は鏡に映った選手像をより鮮明にし、その選手に今何が必要なのかを探り出すことです。能力を引き出し、隠れていた可能性や才能を見出すと共に、弱点もあぶり出さなければなりません。そのためには、言いにくいことを告げなければならない場面が必ず訪れるのです。試合に負けた時や、トレーニングが思い通りにいかない時に、どう対処すべきか、指導者として物事をハッキリ伝える覚悟が必要なのです。

クレーコートでのシャラポワの弱点は、長身で手足が長いため重心が高くなり動作が大きくなりがちで、小回りがききにくい部分です。そういったウィークポイントについて、僕は包み隠さずに彼女に告げました。

選手というものは成功した時のイメージを脳裏に刻み込みます。どのようなショットを多用したか、どんな戦略を立てたか、ウォーミングアップは何をしたか、試合前に何を食べたか……成功した時の全ての取り組みを徹底して確立させていくことで、

「これをすれば勝てる」というルーティン、つまり勝利の方程式がアスリートの中にできあがるのです。

そのこだわりはトップ選手であるほど強く、シャラポワのようなナンバーワンを極めた選手ほど頑固で強固です。

僕はそのルーティンを築くと同時に壊していくのがトレーナーの役目だと考えています。選手は自分のやり方、成功体験に固執したくなります。しかし、スポーツというものは年々進化しているのです。そのために年に2～3割はトレーニング内容もアップグレードしていかなければなりません。トレーナーは最新情報を入手し、変化への対応を求められます。選手とトレーナーの立場の違いや距離感を適正に調節する、それこそがこの仕事の醍醐味と言えるかもしれません。

シャラポワのウィークポイントを克服するためには、ステップを広くして重心を低く、常に腰を落とす必要があります。重心を低く保つという動作は身体にとって非常にきつい状態です。アスリートにとっては辛い練習ですが、僕はゴムチューブを使って重心を低く保つトレーニングを徹底的に行いました。その反復により脚力が強化され、身体をうまく使えるようになり、効率性が生まれます。

マリア・シャラポワと著者のトレーニングの様子

また体幹をしっかり保つトレーニングにも時間をかけました。サービス、リターン、フォアハンド、バックハンド、どのプレーでも頭のてっぺんから脊柱、股関節にかけて真っ直ぐな状態で前後左右に自在に動けることを目指しました。

本物のプロフェッショナルとは何か

自身の様々な努力と、トレーニングが実を結んで、2012年、ついにシャラポワは全仏オープンで頂点に立つことができました。

僕の方がシャラポワから学んだのは、本物のプロフェッショナルとは何か、ということです。プロとはまず結果を出すこと、そのために彼女はあらゆる努力をしていました。靴紐一つを結ぶにも慎重に時間をかけ、アップの段階からすでにトップギアに入っている。優勝した夜でさえ翌日の練習の打ち合わせをするほどで、カジュアルという感覚が彼女の人生にはないんじゃないかと思うほどでした。

他の選手や関係者に媚びず、ツアーに友人はいらないと公言するほどの徹底ぶり。大会会場のラウンジには極力足を踏み入れず、コート以外で過ごす時間は必要最小限に留めていました。彼女にとって試合会場は、仕事場であり戦場なのです。

一方、プロとして「見られる」ということにも常に意識を払っていました。コートに出る時はきちんと身支度を整え、コート内でもコート外でも常にエレガントな存在でしたね。食のコントロールにも余念がなく、栄養バランスを考え、ジャンクフードなどには一切手を出しませんでした。ケーキ一切れ食べるにも、これが自分にどんな影響を与えるか考える、本物のプロアスリートでした。

シャラポワはチームスタッフにもプロフェッショナルを求めました。チームには常に良い意味での緊張感が漂っていました。全員が勝利のために自分の役割を果たす、この環境は僕にとってもやりがいのあるものでした。自分にもスタッフにも厳しいシャラポワでしたが、結果が出ないことをコーチやスタッフのせいにする、といったことは一度もありませんでした。

個人競技であるテニスにおいて、チームという感覚を取り入れた点でもシャラポワは先駆者の1人でした。それまでのテニスプレーヤーは、コーチと二人三脚でツアーを回るという形態が普通でした。今の選手はさらにフィジカルトレーナー、ケアトレーナー、ヒッティング・パートナー等をツアーに帯同しています。

近年のテニス界、そしてスポーツ界はあらゆる面でプロ化が進んでいるのです。チームは各分野のスペシャリストで構成されています。特にチーム・マリア（・シャラポワ）は経験豊富な人材が揃い、鉄壁のチームワークを誇っていました。ちなみにチーム・マリアを構成するコーチはオランダ人、ヒッティング・パートナーがアメリカ人、ケアトレーナーがフランス人、フィジカルトレーナーが日本人、そしてプレーヤーはロシア人と国籍もバラエティに富んでいたため、「チーム・ユナイテッド（国連）」などと呼ばれたものです。

僕達指導者は長年のツアー生活から、様々な闘いの中で揉まれてきています。それなりの成功を収める一方、多くの葛藤も経験します。そうした中で、お互いをリスペクトできる環境で仕事がしたい、仲間と一緒に夢を追い続けたいという思いでチーム・マリアに参加しました。チーム・マリアは思っていた以上に素晴らしい存在で、そこで得た経験は自分にとって本当にかけがえのないものになっています。

シャラポワと共に闘う「チーム・ユナイテッド」の面々

ゴルフ界に革命を起こしたコルダ姉妹

この時期に別の競技のアスリートと仕事ができたのも貴重な体験でした。シャラポワとの契約で、テニス以外の競技者への指導は容認されていました。そこで、知人の元トップテニスプレーヤー、ピーター・コルダに頼まれ、プロゴルファーである彼の娘のジェシカ、ネリー姉妹を2015年から見ることになったのです。

父コルダは1998年の全豪オープンで優勝し、世界2位まで登り詰めた選手でした。彼には3人の子どもがいて、上2人の姉妹がゴルフ選手、下の弟はテニスプレーヤーとして活躍しています。

コルダからは、「ユタカにはトレーナーとして、娘達のアスリートの基礎を作って欲しい」と頼まれました。コルダは、『どのレベルであっても、コーチとトレーナーは切り離せない関係」という考えを持っていました。

当時のプロゴルファーの練習は、ショットの精度を上げることに費やされ、基礎ト

ゴルファーのジェシカ（上）、ネリー（下）のコルダ姉妹

レーニングはさほど重視されていませんでした。そこにタイガー・ウッズが登場し、ゴルフ界でもフィジカルを鍛えるという意識が高まっていったのです。しかし、女子ゴルフにおいては、まだそこまで意識の変革はありませんでした。コルダは、「最近ようやく女子ゴルフ界にもその波が浸透してきた。しかし、テニス界に比べるとまだまだフィジカルに対する意識が低い。自分の娘達にはまだゴルフ界には浸透していないトレーニングを取り入れ、より早くアスリートゴルファーに育て上げたい」という希望を持っていたのです。

コルダの考え方で僕が特に共感できた部分は、彼が常に変化と刺激を求めていたことです。自分のネットワークを最大限に活かし、人材と情報の収集に努めていました。コルダの現役時代と比べ現代のスポーツ科学は明らかに進歩しています。彼はそこに着目し、フィジカルに関わる最新のトレーニング方法や、リカバリーや睡眠、食生活といった要素を、数%でも向上させることができれば、アスリートの可能性はより広がると考えていたのです。

フィジカルの強化を行ったことで、コルダ姉妹は女子ゴルフ界でも革命的なプレーヤーとして認知されるようになりました。そして姉妹でツアー優勝や東京五輪金メダル（ネリー・コルダ）という偉業を成し遂げたのです。ちょうどその頃から、あらゆるスポーツにアスリート意識が芽生え始めたのだと思います。

コルダ姉妹との出会いも含め、シャラポワと共にツアーを回った7年間は、トレーナー人生の一つのハイライトと言える時期でした。1人の選手と真剣に向き合い、全て出し尽くしたという充実感が自分の中にありました。これからは腰を据えてしっかりと選手の育成や研究を行いたいと考え、2018年よりIMGアカデミーに戻ってストレングス（筋力トレーニング）とコンディション（体調管理）部門の統括を務めることにしたのです。

マリア・シャラポワが引退を表明したのは2020年のこと。それは雑誌のインタビュー内で語られました。コート外での派手なセレモニーを好まなかった彼女らしい幕引きでした。

引退を知った僕は、フロリダから彼女にねぎらいの電話をかけました。

「お疲れ様」とかけた言葉に、「アップダウンがあったけど、長い間私に尽くしてくれてありがとう」という感謝の言葉がシャラポワから返ってきました。

その時、一緒に過ごした7年間の数々の想い出が甦ったのです。全仏初優勝でシャラポワによって掲げられたトロフィーの輝き、初夏のウィンブルドンの眩《まばゆ》い芝生、チームスタッフとの固い絆……もう、あれだけ激しい濃密な時を過ごすことはないだろうと、少し感傷的な気分になったものです。

大坂なおみ、覚醒する才能

私の元に大坂なおみのエージェントから連絡があったのは、シャラポワが引退した2020年のことです。

なおみのことはデビュー当時から注目はしていました。日本人関係者達から物凄い逸材がいる、と聞いていたからです。実際に彼女のプレーを目の当たりにしたのは2018年のインディアンウェルズ・マスターズ。僕はまだシャラポワに帯同していた頃で、1回戦の相手がなおみだったのです。当時の彼女は世界ランク44位で一般にはさほど知られていないプレーヤー。それが女王シャラポワをセットカウント2－0と圧倒したのです。

そのエネルギッシュなプレー、男子並みの強烈なサービスと、それを支える強靭な肩、とにかく衝撃を受けました。特に僕の印象に残ったのは、彼女も錦織同様にボールをハードヒットできるという能力を持っている部分です。結局、その大会でなおみは勝ち進みツアー初優勝を遂げました。そしてその勢いのまま、その年の全米オープンを制覇したのです。

僕は彼女が覚醒する瞬間に立ち会っていたわけです。

なおみからの話があった時、ツアーからは引退したつもりでいた自分の心に再び炎が灯りました。彼女の底知れない才能、そして日本人プレーヤーと仕事ができるという喜び。

その頃のなおみは、2018年の全米、2019年の全豪と続けざまにグランドスラムを獲得して旋風を巻き起こした後の低迷状態にありました。

彼女のトレーナーを引き受けるに当たり、まず確認したかったのがその決意のほどです。僕がなおみに会って最初に尋ねたのは、今の自分の現状をどう思うか、ということでした。その頃のなおみの世界ランクは10位程度。今の自分の現状には全く満足していない、と彼女は語りました。そして自分はもっとグランドスラムのタイトルが欲しい、とハッキリと意思表示しました。僕もその言葉を彼女自身の口から聞きたかったのです。

大坂なおみは身体のポテンシャルが高いアスリートの典型です。テニス界でも五指に入るアスリートだと思います。そんななおみに対して、自分がどうプログラミングしていけるか、非常に楽しみな挑戦でした。

僕がまず取り組んだのは、アジリティ（敏捷性）の向上です。フットワークの精度を高めるためのトレーニング、上半身の肩甲骨周辺の動きを含めた身体全体の筋力アップ、心肺機能向上のトレーニングなどに力を入れました。

また攻撃に比べて守備力に難があったので、守備範囲を広げる練習を繰り返しました。その際、ボールを追う前に無理だと諦めてしまう思考回路をなくすため、あえて取れそうもないボールを投げて追いかけさせ、それでも諦めずに身体を動かす癖をつけたのです。この練習の効果で、以前は拾えなかった範囲のボールへの対応が格段に

大坂なおみと著者がメディシンボールを用いて体幹トレーニングを
行っている様子

向上しました。

なおみはトレーニング嫌いというイメージが一般にはあるようです。僕がトレーナーについて最初に行われたグランドスラム、２０２０年全米オープンの際、ＷＯＷＯＷの放送にゲストで呼んでもらったことがあります。その時、解説の伊達《だて》公子《きみこ》さんに、なおみをトレーニングに集中させるのは大変だったのでは、と問われたのですが全くそんなことはありません。彼女は人一倍勝利に貪欲で、そのための努力は惜しまない選手でした。

彼女はパワーのあるアスリートであると同時に日本人的な繊細さも併せ持っていました。そして僕の細かいアドバイスを注意深く聞いていて、しっかり実践するのです。指導していてとても楽しい選手でした。

また、なおみも栄養摂取には敏感で、特にスムージーにはこだわりがあり、自ら作ってトレーニングの合間に飲んでいました。スムージーについては、後ほどじっくりご紹介（２０１～２０３ページ）したいと思います。

２０２０年の６月からトレーニングをスタートして、なおみのプレーは明らかに進化しました。そして３カ月後の９月の全米オープンで優勝を遂げたのです。

2021年の全豪オープンで優勝した後のチームなおみと著者

その後も厳しいトレーニングを続けて次のグランドスラム全豪オープンに向かいました。全豪はサーフェス（コートの材質）によりボールが速くなるため、ボールが滑ります。重心を低くして動かないと的確なポジションに入れないので、下半身の軸を安定させリズム良く動くというトレーニングを重ねました。相手の速いサービスをブロックするために体幹の軸がブレないように下半身も鍛えました。

また、全豪ではフィジカルとメンタルを最高の状態に持っていくピーキングがうまくいきました。決勝に臨む前のインタビューで語った「準優勝では誰も覚えていてくれない。刻まれるのは優勝者の名前」という強気の言葉に、その時のメンタルの充実度が表れていましたね。

２０２１年の全豪での優勝は、僕にとって初めてのグランドスラム連覇の経験で、さらにコロナ下の大会だったこともあって非常に印象深かったです。また、なおみが準決勝でセレナ・ウイリアムズを破ったのも、シャラポワとは達成できなかった勝利でひとしお感慨深いものでした。

その後、なおみはテニス界のトップとして様々なプレッシャーにさらされ、一時身心の調子を崩してしまいました。そして、心機一転をはかるためＩＭＧを離れ独立し

デニス・シャポバロフと著者がIMGアカデミーに所属していた時期のトレーニングの様子

て自ら会社を設立しました。そのタイミングで僕も新たな道へ進み始めたのです。

そして2022年から1年ほど、男子テニス界の精鋭、デニス・シャポバロフと一緒にツアーを回りました。僕は今まで数多くのトッププレーヤーを見てきましたが、その中でも一番潜在能力が高い選手だと思います。プレーに華があるし身体能力が図抜けている。この体勢では打てないだろうというフォームで物凄いボールを打つんです。常識を超えた魅力溢れるテニスですが、まだまだ不安定な部分もある。

これだけ可能性のある選手に声をかけてもらったことは嬉しかったし、ちょうどタイミングも良い時期でした。シャポバロフはこれからトップ選手に挑んでいく立場ですが、今後どう育っていくかとても楽しみです。

この仕事が面白いのは世界有数の才能と出会えることです。錦織、シャラポワ、なおみ、それぞれの生き様にどっぷり浸かって一緒に何かを成し遂げるという経験は本当にエキサイティングでした。そして、これまで共に仕事をしてきたスーパーアスリート達から学んだことが、僕が確立したメソッドの根幹になっています。

フィジカル・マネジメントの進化

プロローグの最後に、僕のフィジカル・マネジメントの原点であるＩＭＧアカデミーについて紹介しておきたいと思います。

このアカデミーは現代のスポーツ科学の最先端であり、フィジカル・マネジメントによって人間がどれだけ進化できるかを示す良い例だと考えるためです。

ＩＭＧアカデミーのハード面の特色は、多目的スポーツ総合施設であることです。東京ドーム約50個分の広大な敷地の中にテニスコート55面、サッカーコート16面、野球場4面、18ホールのゴルフコースなど、８つのカテゴリーのスポーツ施設から構成されています。生徒数は１３００人ほどでそのうち２００人がテニスプレーヤーです。このように様々なジャンルのアスリートが集うことで、選手目線、指導者目線で競技間を超えて色々なスポーツを学ぶことができます。

トレーニングジムでは、テニスプレーヤーがストレングスをしている横に、２メートルを超えるバスケットボール選手がいて、その隣では陸上選手がトレーニングしている。テニスでは見られない強度や負荷のトレーニングを目の当たりにすることで、何かしらの刺激やヒントを得ることができます。

各スポーツのオフシーズンには多くのトップアスリートが翌期に向けたトレーニングのためＩＭＧを訪れます。錦織選手などは最新の施設や優秀な指導者が揃ったアカデミーの近くに住んでいるため、頻繁にここでトレーニングを行います。

また選手達にとって、アカデミーでのトレーニング環境は、緊迫感をともなうツアー環境とは異なったリフレッシュの場所であり、選手同士が触れあったり意見交換したりと切磋琢磨できる場所なのです。

選手育成には、「施設」「競争」「システム（指導者）」のトライアングルが完璧にリンクしています。選手に最も近い存在が指導者で、我々は選手を支え、進むべき方向へと導いていきます。各選手には技術面のコーチ、トレーニングを担当するフィジカルトレーナー、リカバリーを担当するケアトレーナーがサポートにつきます。指導者同士が情報を共有し、チームとして選手をサポートしていくのです。その中でコーチをはじめとするスタッフは選手個々の特性を活かしてどのように育成すべきか、鮮明なビジョンを持って指導に当たります。ＩＭＧに在籍しているのはアメリカンフットボール、バスケットボール、野球、サッカーの経験者で、大学や大学院でしっかり理論を学び、国家資格も所有している有能なトレーナーです。

アカデミーは８月下旬にプログラムがスタートし、翌年５月下旬には終業式を迎えます。その時に全競技の１年間を様々な角度からチェックします。プレーヤーを対象としたプログラム内容の確認、プレーヤーの成長過程、体型測定やパフォーマンス・テストの数値確認、比較分析、トレーニングスタッフとのコミュニケーションはどうだったかなどを一つひとつ丁寧にチェックしていきます。

「ＩＭＧハウス」というＩＭＧが主催するパーティと会議では、２０２２年ウィンブルドン準優勝のニック・キリオス、錦織圭、大坂なおみ、マリア・シャラポワといったトップアスリートのエージェントが集まり、それぞれの選手の情報を交換し合います。そこでＩＭＧの現状から今後への展望をディスカッションします。現状、とのようなフィジカル的なサポートを行っているか、それぞれの立場で今後何ができるのか、また何をするべきかを話し合うのです。ＩＭＧの情報を一本化することで、他の施設にはない環境を十二分に活用し、選手達を最高の状態に仕上げるのです。

ＩＭＧに見るように、現在のスポーツ科学、トレーニングやリカバリー法、食生活や生活習慣の研究は驚くほど進歩しています。その明らかな効用としては、各スポーツの選手寿命が着実に延びていることが挙げられるでしょう。

テニスを例に取ると、西暦２０００年以前の選手は30歳を超えたくらいで徐々に競技の場から去っていきましたが、現在は30代のトッププレーヤーが大勢います。具体的な数字を挙げると、全豪オープンにおいて１９８５年の男子の上位16人のシード選手の平均年齢は24歳でした。それが２００５年には26歳、さらに10年後の２０１５年には29歳となっています。

これは、フィジカル・マネジメントによって、肉体を若返らせることが可能であるという証明なのです。

このことが何を意味するのか、つまりはトレーニング、リカバリー、栄養摂取をどのように行うかによって、アンチエイジングが実現できるということです。

それでは、次のパートより、実際のフィジカル・マネジメント「トレーニング」「リカバリー」「栄養」の３つのメソッドについて詳しく紹介していきたいと思います。

Physical Management Method 1

トレーニング

Training

Step 1

自分自身の身体を知ろう

人間の身体は歪んでいる

トレーニングを効果的に行うには、まず自分自身の身体を知ることです。自身の身体の特徴や状態をしっかり把握できていれば、よりトレーニングが有効になります。最初に知っておいて欲しいことは、**人間の身体というものは完全に正しい状態にはないということです。身体には必ず歪みが生じているのです。**

僕はこれまでに数多くのトップアスリートの肉体を見てきましたが、完璧な身体というものに出会ったことはありません。例えば、僕が指導した中でもトップクラスに整ったスタイルを持つアスリート、マリア・シャラポワとデニス・シャポバロフでさ

え も、よく見ると共になで肩で利き腕の方が少し下がっています。具体的に言うと、肩の後ろの広背筋から腹筋が利き手の方に傾いた状態になっているのです。

それぞれの人間が持つ身体の歪みをどれだけ矯正できるのか、まずはこれがトレーニングのスタートになります。

僕がプロのトレーナーとして学んだことは、**強度の強いトレーニングを続けていると、いかにトップアスリートであろうと、身体の歪みが元で怪我をしてしまうということです。**

テニス、ゴルフ、野球などは、身体を一定方向に回旋（骨を軸にして回転させる動き）させることの多いスポーツです。しかし、回旋のための筋肉に特化して鍛えると、身体のバランスが崩れ歪みが出てしまうのです。

過去にテニスのラファエル・ナダルやゴルフのタイガー・ウッズの鍛え抜かれた上半身が注目されたことがあります。しかし、のちに両選手とも膝の故障を抱えることになってしまいました。2つのスポーツの共通点は回旋運動です。下半身から上半身へとエネルギーを伝えてスイングの力強さを生み出します。その力がナダルのボールの威力や、ウッズの飛距離につながっているのです。

しかし、彼らの上半身の筋力が下半身の筋力を大幅に上回ったことで「パワーの差」が生まれ、身体のバランスが崩れてしまったのです。

その後ナダルは、上半身の筋肉量を抑え、さらに下半身強化に励むことで、トッププレーヤーとして復活しています。

このように一部の筋肉を鍛えることでバランスが崩れるのを避けるために、各競技では行わないような動作をジムトレーニングで補い、身体全体を整えるというのがアスリートのトレーニングのチェックポイントになるわけです。

この考え方は一般の方にも当てはまると思います。トレーニングにおいては、**脂肪燃焼や筋力アップを目標とするだけでなく、身体のバランスを整えること**にも注意していただきたいのです。そのためには、トレーニング同様、アクティベーション（ウォームアップ）が非常に大切になります。**具体的な方法については、「STEP3」（88ページ〜）において連続写真で紹介します。**

正しい動作は健康につながる

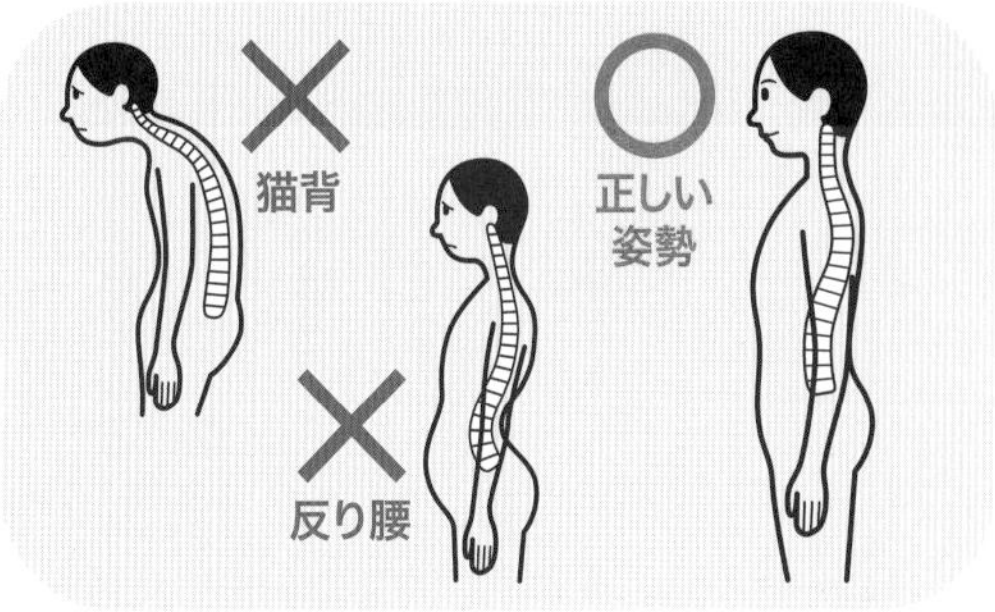

トレーニングを始めるに際して最も注意すべきなのは、正しい動作で行うということです。間違った方法では、せっかくのトレーニング効果も半減してしまいます。

最初にチェックするのは、自分の姿勢です。

立った状態では、つま先、手の位置、頭の位置が真っ直ぐであるかを鏡で確認して調整しください。初めはぎこちなく、窮屈に感じるかもしれませんが、次第に常に正しい姿勢が取れるようになります。さらに上のイラストのように脊柱がS字なるよう意識してください。

次に座った状態では、身体が傾かず左右対称になっていることをチェックしてください。

次に基本の動作、歩行に入ります。歩く時には、足を動かすだけでなく、上半身と下半身の連動を意識してください。頭、脊柱、股関節は1本の支柱だと思って動かさず、進行方向へ足と腕の振りが行われているか確認。そしてこれは非常に重要なことですが、**つま先と膝を進行方向に真っ直ぐ出して歩くのです。**この方向がずれていると、股関節、膝、腰に負担をかけてしまいます。股関節痛、膝痛、腰痛は日常の間違った動作によって生じているのです。

厚生労働省の調べによると、日本人の1日の平均歩数は約6000歩、時間にすると1時間ほどになるそうです。この**毎日1時間のウォーキングでつま先と膝の方向を合わせる、これだけで身体の歪みは矯正できるのです。**身体の歪みから生じる腰痛などの慢性的な不調は、正しく歩くことで次第に解消されていくはずです。

ウォーキング程度であっても、身体を動かすことによって以下のような効果が期待できます。

①血液循環の改善により、基礎体温の上昇（冷え性対策・各種病気への耐性）

②体温上昇にともない、抵抗力が上昇

③毛細血管まで血の巡りが良くなることで筋肉性能の向上

④酸素循環の向上（持久力や運動パフォーマンスの向上）

このように運動はあなたの健康状態に大きく寄与するのです。

関節を意識すると劇的にトレーニング効果が高まる

基本動作を確認したところで、実際のエキササイズを行いましょう。

トレーニングは、**「WHAT（どんなエキササイズをするのか?）」「HOW（どのように行うのか?）」「WHY（その目的は何か?）」この3つをしっかり意識して行うのが理想です。**そして、トレーニングの「FLOW（流れ）」を理解することで最大限の効果を得ることができます。

トレーニングの際に非常に有効なのは、身体の各関節を意識することです。人間の身体の主要な関節は、動かすべき関節「モビリティ関節」と固定すべき関節「スタビリティ関節」とが交互に並んでいます。

63ページの図のように、肩関節、胸椎《きょうつい》、手首、股関節、足首がモビリティ関節、頸椎《けいつい》、肘《ひじ》関節、腰椎《ようつい》、膝関節がスタビリティ関節になります。

動かすべき関節と、動かさない関節を意識するだけで、トレーニング効果も劇的に変わってきます。**モビリティ関節は様々な方向へ動かせるように柔軟性を高め、出来るだけ可動域を広げます。一方スタビリティ関節は、ブレないように注意して一定方向に動かすのです。**

例えば足首はモビリティ、膝がスタビリティと、この連動が正しく行われていれば、身体が正常に機能している状態になります。腰が痛い、膝が痛い、肩が痛いといった症状は、身体が間違った動作を続けているため現れるのです。スタビリティ関節である腰椎が動きすぎ、モビリティ関節である胸椎と股関節が柔軟に動かないと腰痛の原因になります。また、スタビリティ関節である膝関節が動きすぎ、モビリティ関節である股関節と足首が柔軟に動かないと膝痛が発生します。腰椎と骨盤の安定性が低下することで体幹が不安定になると股関節に影響が及びます。この図を理解して正しくトレーニングを行えば、身体の痛みからも解放されるはずです。

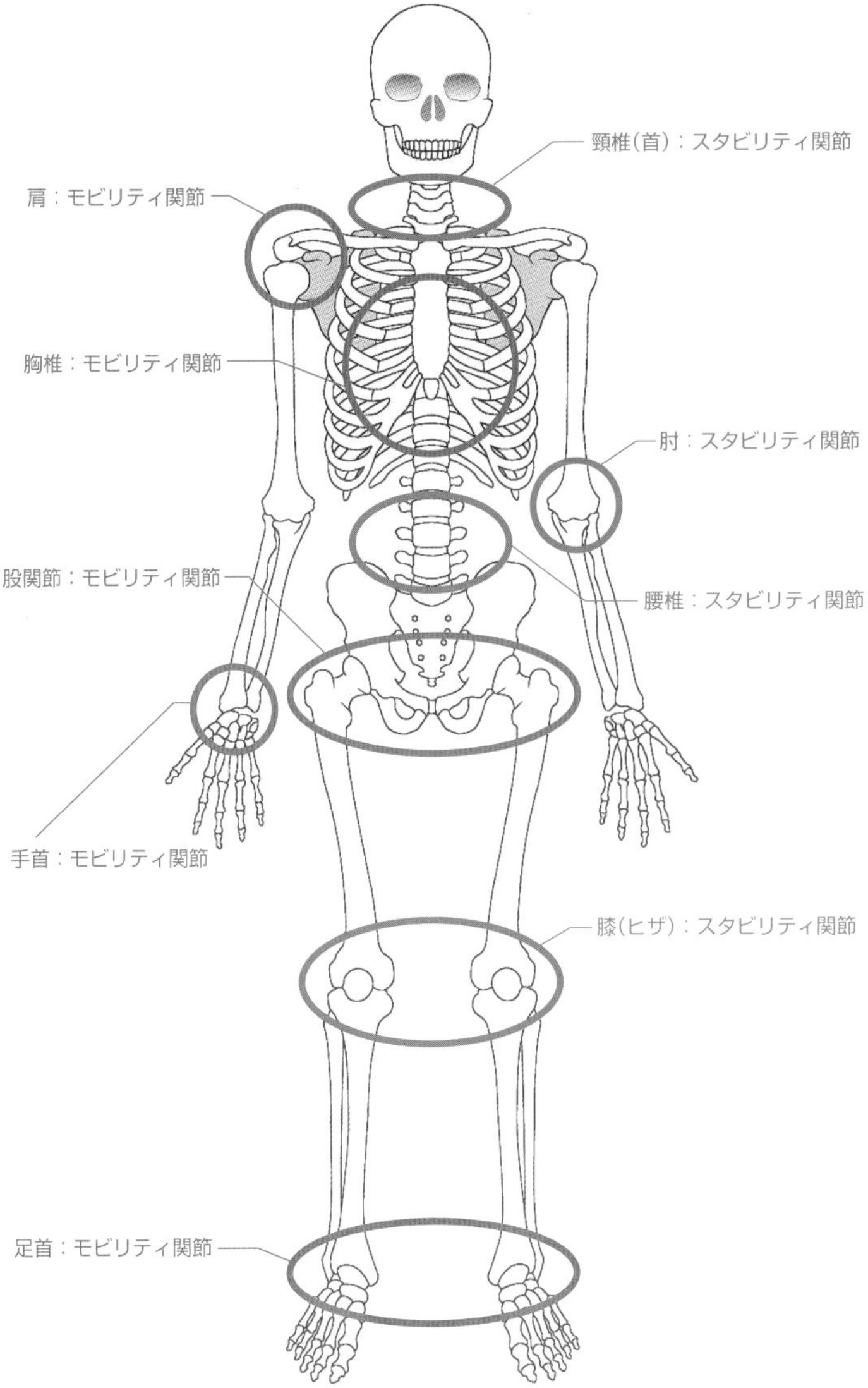
頸椎(首)：スタビリティ関節
肩：モビリティ関節
胸椎：モビリティ関節
肘：スタビリティ関節
股関節：モビリティ関節
腰椎：スタビリティ関節
手首：モビリティ関節
膝(ヒザ)：スタビリティ関節
足首：モビリティ関節

モビリティ、スタビリティ関節の重要性については、過去に行ったアスリートへの指導からも実感しています。

今最も期待されている日本人テニスプレーヤー、望月慎太郎《もちづきしんたろう》のジュニア時代のトレーニングを僕は担当していました。シャラポワのチームからIMGに戻った2018年頃のことです。望月は錦織同様に、盛田ファンドによってIMGに送られてきた生徒の1人でした。当時の彼は13〜14歳くらいで、錦織のような突出した才能は感じませんでしたが、非常に視野が広く、ドロップショットやボレーのタッチなどにセンスを感じさせる選手でした。

僕がジュニアを指導する場合、まずその選手の将来の体型をイメージします。完成された肉体を想定してトレーニング・プログラムを計画するためです。様々な数値や長年のトレーナーとしての観察眼で、成長時の体格はほぼ予測できます。望月については、将来的には170㎝台中盤の細身のプレーヤーになると考えました。世界レベルで闘うにはちょっと厳しい体格です。しかし彼の優れたテニスセンスは世界に通用する、そう考えた僕は2つのテーマを彼に課しました。センスを活かすために、頭で描いたプレーを正確に再現できる肉体を作ること。さらに体格で劣る分、体力負けしない持久力を養うこと。

その基本的な身体作りのために最大限に意識したのがモビリティ関節、スタビリティ関節です。関節が正しく連動することで動きの正確さが増し、効率的に関節を動かすことでロスがなくなり、持久力も格段にアップするわけです。望月自身もモビリティ・スタビリティを意識して非常に丁寧にトレーニングを行ってくれたことで、その成果はたちどころに現れました。なんと、ＩＭＧのテニス部門に集う２００人の精鋭の中でも、持久力テストにおいて断トツの成績を挙げたのです。

その後、望月はウィンブルドンのジュニアで優勝。20歳で迎えた２０２３年のジャパンオープンでは、世界ランクトップ10の選手達を倒し見事ベスト４に進出と、目覚ましい躍進を遂げています。

この望月とのトレーニングを思い起こすたびに、モビリティ、スタビリティと意識するという基本の大切さを実感するのです。

ぜひ皆さんもトレーニングをする際には、今どの部分を鍛えているのかをしっかり意識して取り組んでください。**動かす部分、動きを止める部分、自分の動きを頭の中**

でイメージするのです。意識を集中すれば、脳と筋肉の神経回路が連結して自らの動きを矯正できるようになります。そして、次第に意識せずとも身体を正しく動かせるようになります。

正しい方法でトレーニングを行うと、3週間もたてば必ず身体の変化を実感できるはずです。見た目に変化が現れなくても身体の感覚が変わったことに気がつくでしょう。もし3週間トレーニングしても変化が実感できないという場合、トレーニング方法に間違いがあるかもしれません。強度が弱すぎたり回数が足りなかったりという問題が潜んでいないか確認してください。

そのためにもトレーニングは、強度・回数・時間などの数字を記録して可視化しておきましょう。検証にもなるうえ、楽しく続けられるはずです。自分の変化が体感できる、これこそがトレーニングを継続するモチベーションになるのです。

さらに、今までと少しだけ違うメニューにすることで、新鮮な気持ちでトレーニングに取り組むことができます。**負荷を加えていく、あるいは回数を増やし種目を変えていくといった工夫によって、肉体が進化を遂げるのです。**

トレーニングは目的によって内容が変わってきます。プロアスリートの具体例であれば皆さんも興味があるでしょうから、錦織選手の例を紹介しましょう。

彼の攻撃力を最大限に活かすには、いかに正しいスタンスでボールを捉えるかが鍵になります。そのために必要なのはフットワーク。攻撃的にボールを打てる理想のポジションに入るためには動きの幅を広げる必要があります。実際には５㎝、10㎝のレベルなのですが、たったそれだけの差違で動きの精度が格段に増すことになります。

フットワークを良くするには下半身の強化が一番と思われがちですが、下半身を支える下肢、股関節や肩関節の連動、体幹が上下にブレないことが大事になるのです。テニスのフットワークは複雑な動きが絡み合っています。基本的なフットワークだけでも10種類近くあるのです。一見何気なくボールを打っているように見えて、様々なフットワークを駆使しているわけです。

錦織のフットワーク力は世界屈指のレベルにまで達し、トップを競ううえで大きな武器になりました。

これはどのスポーツにも言えることですが、トレーニング理論が発達し目的を明確にしてワークアウトを行うことで、パフォーマンスが劇的に進化しています。サッカーもバスケットも昔はコートの中での練習が中心だったものが、今はそれに加えてフィジカル的なトレーニングの重要性が非常に高まっています。

実際にどのような変化が起こったか。野球で考えれば以前は150キロのストレートを投げられる投手はごく限られていましたが、今では160キロの球を投げるピッチャーがゴロゴロいます。これはまさにトレーニングが進化していることの証明ではないかと思います。

一般の方は、ここまで強い目的意識はないかもしれません。それでも、例えば5㎞のランニングで30分を切るタイムを出すとか、ベンチプレスで自分の体重以上のウエイトを挙げるといった目標を立てれば、それに向けたトレーニング・プログラムを考え、モチベーションを持って取り組むことができます。

トレーニングを行うには必ずしもジムに通う必要はありません。誰でも簡単に行えるウォーキングやジョギングから始めてみてください。ジョギングは全ての運動の基本となります。モビリティ関節、スタビリティ関節を意識して行うジョギングは最高のトレーニングと言えるでしょう。

体幹とは何か

「体幹」という言葉が最近ポピュラーになっています。「体幹」の重要性についてメディア等でもよく話題になっているので、ご存じの方も多いでしょう。さて体幹とはどの部位を指すのでしょうか。

体幹とは、胴体部分（首と胸、腰）を言います。お腹周りの筋肉のことを指していると思われがちですが、筋肉だけでなく骨格や内臓も含めた身体の胴体部分のことを体幹と言うのです。

実は人間の身体の中で一番出力が高いのは股関節なのです。ですから**体幹を鍛えることは股関節周りの筋肉を整えるということになります。**

股関節は可動域が広く上半身を支えています。重量のある上半身と頭のポジションをしっかりと安定させてくれるのが体幹です。

股関節周りの筋肉量が増えれば、筋肉を動かすために脂肪が消費されて美しい体型を保つことができます。**さらに広背筋や肩甲骨周辺といった背中の筋肉をつけることで美しい姿勢が保てます。**立っている時だけでなく、動いている時も軸がブレない、その動作が身体をエレガントに見せるのです。

体幹を鍛える最大の目的は何か？　それは身体全体のブレを防ぎエネルギー効率を高めることです。

多くのスポーツの始点は、足で地面を蹴ることから始まります。蹴った反発力は身体の頂点である頭まで伝わってくるのですが、体幹がしっかりしていないと、その力がブレて、せっかくのパワーを逃がしてしまうのです。

例えばテニス、ゴルフ、野球などは、「足を使って腰で打つ」などと言われます。これらのスポーツでプレーに使われるのは腕ですが、実際には**足からのエネルギーを股関節に蓄えてパワーに変えているのです。**

ゴルフのスイングで説明すると、まず振りかぶる時にしっかり足を踏ん張ります。スイングを開始したら、そのエネルギーを足でしっかり受け止めます。そこで蓄えたエネルギーを身体が回転する中で、膝から腰、上半身、腕へと伝えていくのです。

ゴルフをプレーされる方は、スイング中には「頭を動かすな」と注意されたことがあると思います。これはスイングのブレを防止する効果がありますが、力を逃がさないためにも必要なのです。

地面からの反発力をいかに逃さずに、上半身まで伝達させていくかが体幹の重要な役割なのです。

独楽《コマ》が勢い良く回転している時は軸が全くブレませんよね。同様に左右のブレがない状態での運動は力が伝わるのです。

僕が指導した例で言うとシャラポワは骨盤が広い体型なので、股関節周りの筋力がつきにくいため、特に体幹のトレーニングを意識しました。

一方、同じ女性選手でも大坂なおみは骨盤が狭く股関節の筋力が強いタイプです。野球で言うならホームランバッター、陸上ならスプリンターで体幹がブレずに激しい動きができるタイプです。この場合は筋力をつけると同時に強大なパワーをコントロールするために柔軟性を養うことが課題になります。

つまり、「体幹」のみを鍛えればいいというわけではなく、**体幹を強化するためにはその他の筋肉との連動が大切なのです。**

陸上の短距離のアスリートの身体を思い浮かべてください。走るという動作に必要な下半身は当然洗練されています。しかし同様に彼らの上半身も見事に鍛えられていることが分かるはずです。それは、地面を蹴ったエネルギーを逃がさず、しっかり全身に伝えるために、腹筋も胸筋も肩や腕の筋肉も全てが連動していることの証明なのです。

Step 2 トレーニングを数値化する

無酸素運動と有酸素運動

「STEP1」でまず身体について理解していただいたところで、トレーニングの実践に移りましょう。

トレーニングは、**筋肉に高い負荷をかけて短時間で行う「無酸素運動」と、継続的に適度に負荷をかける「有酸素運動」の2つに大別できます。**酸素を使わずにエネルギーを作り出すことから「無酸素運動」、酸素を取り入れてエネルギーを作り出すことから「有酸素運動」と呼ばれています。

無酸素運動とは基本的には、自宅でのスクワットやジムでのマシントレーニングなど、筋力アップを目的としたトレーニングを意味します。有酸素運動は主にジョギング、水泳、サイクリングなど心肺機能のアップと脂肪燃焼を目的としたトレーニングとなります。

有酸素運動と無酸素運動を組み合わせることで、筋肉量が多く基礎代謝（生命活動を維持するための最低限のエネルギー）の高い体脂肪の少ない整った身体を実現できるのです。

トレンドはbpmのチェック

現代のトレーニングにおいて、最新のトレンドは「数値化」です。その代表的な方法が心拍数のコントロールです。

元々はプロアスリートのトレーニングの指標として用いられたものです。アスリートが行っているトレーニングが、各自にとってどれだけ負荷がかかっているのかを客観的に測る方法を模索する中で、心拍数が注目されるようになりました。今では心拍数のコントロールがかなり科学的に研究されています。

心拍数とは一定時間内に心臓が拍動する回数のことで、通常は1分間の回数を示し、bpmという数値で表されます。bpmは音楽のテンポを示す時にも使われるので、馴染みのある方も多いと思います。

ジムであればランニングマシン、エアロバイクなどには心拍数を測る装置が大抵備えられているはずです。またアップルウォッチ等のスマートウォッチには、必ず心拍数を測る機能がついています。これはジョギングなどのスポーツの最中の心拍数チェックに最適です。また心拍数を測るだけの計測器であれば、手頃な値段で入手できるので持っていると便利です。

人間の1分間の心拍数の上限を「最大心拍数」と言います。最大心拍数は人によって異なります。基本的には年齢に比例するので、おおよその最大心拍数は、220から年齢をマイナスすることで求められます。例えば40歳の方であれば、180が最大心拍数となります。ただし日常的にハードなトレーニングを繰り返し行うことによって、最大心拍数は上げることができます。そのため、アスリートの最大心拍数は一般の方より大きな数値になります。

僕の指導した選手の中ではシャポバロフの心肺機能は特別に優れていました。全てにおいてスピードのある選手ですが、そのハイスピードの練習を4〜5時間続けても動きの質が落ちないのです。実際に計測してみると200以上の心拍数で10分以上トレーニングを続けることができました。当時、彼は23歳だったので、一般の方であれば最大心拍数は220マイナス23で197となります。普通の人では達しえない心拍数で10分も動き続けるなど、ちょっとありえない能力で驚愕した覚えがあります。

しかし、世界にはさらに上がいるものです。IMGアカデミーのトレーニングジムでのことです。1980〜90年代にテニスプレーヤーとして活躍し、世界ランク1位連続在位3位の記録を持つイワン・レンドルと話をする機会を得ました。彼の娘達がIMGのゴルフアカデミーに在籍していた関係で、彼もトレーニングのためにIMGのジムを訪れていたのです。

僕はレンドルについて現役時代に「心拍数200の状態で30分バイクを漕いでいた」という伝説を耳にしていました。プロのトレーナーとして考えれば現実的にありえない話ですが、せっかくの機会だからと本人にその真偽を尋ねてみたのです。

彼の答えはこうでした。「Yes, Yes, I did that as well.（そう、そう、そんなこともやってたね）」と平然と言うのです。僕は生理学的に考えてとても無理では？ と何度も確認したのですが、彼の答えは変わりませんでした。トップを極めたアスリートの底知れぬ力を目の当たりにした思いでした。

さて、この最大心拍数に対して、運動中の心拍数が何％の状態かを見ることで、そのトレーニングによってどれくらいの負荷がかかっているか確認できます。

最大心拍数の60〜80％で行うのが有酸素運動です。この範囲のトレーニングで、脂肪燃焼の効果が見られるようになります。

最大心拍数が80％を超えると無酸素運動となり、筋力、瞬発力、心肺機能の向上をもたらします。

40歳の方を例にすると、180×60％＝108、心拍数がこの108を超えたあたりで有酸素運動が始まります。そして、180×80％＝144、ここから無酸素運動となるわけです。

日常的にジムに通われている方は、脂肪を燃焼させたいなら有酸素運動、筋力、心肺機能をアップさせたいなら無酸素運動、と理解されていることと思います。

しかし最新の研究では、**有酸素運動と無酸素運動を交互に行うことで、相乗効果が得られることが実証されています。**そのためランニング、ジョギング、サイクリング、エアロバイク等、これまでは基本的には有酸素運動のトレーニングであった種目も、スピードや負荷に変化をつけることで、さらに有効なエキササイズに進化させることができるのです。


心拍数のチェックは日常生活においても有効です。**心拍数は現在の身体の状態を正確に示してくれるからです。**熱があったり、体調が悪かったり、ストレスがかかったりした状態だと心拍数は高くなります。心拍数をチェックして高い数値が続くようなら、身体がシグナルを発していると考えてください。

前日に激しい運動を行い疲れている状態で翌朝に心拍数を測ると、リカバリーが間に合わずに普段よりも心拍数が5~10ほど高くなります。これは運動中も同じで、少し走っただけでいつもよりｂｐｍの値が高い場合、あるいは数値が戻るのに時間がかかる場合などは、身体に何かしらの異常が起きている可能性があります。

逆に心拍数の戻りが早い場合は、身体の状態が良く、またトレーニング効果により機能が向上していることを示します。こんな時は身体が軽く体内にリズムを感じるはずです。つまり、普段よりトレーニングの量を増やしたり負荷を上げたりしても良い状態です。**心拍数トレーニングは数値化することによって自分の状態を知ることができる非常に有効な方法です。**

5つのZONEでトレーニングを最適化する

それでは、bpmを用いた具体的なトレーニング・プログラムを紹介しましょう。

まず、心拍数によってトレーニング強度を区分します。81ページの表を見てください。アスリート並みのハードなトレーニングを目指すのか、日常の体力・持久力アップを目指すのか、ZONE1〜5の心拍数を使い分けると目的に応じたトレーニングが可能となります。

「ZONE1」：最大心拍数に対して50～60％の心拍数の運動。かなり軽めのトレーニングで、ストレッチや準備運動、あるいはジョギングに入る前の軽いウォーキングなどがこのカテゴリーに入ります。効果としては運動不足の解消、身体の新陳代謝が期待できます。

「ZONE2」：最大心拍数に対して60％を超える運動（有酸素運動領域）。軽めのジョギング、サイクリング等がこのカテゴリーに入ります。効果としては生活習慣病の予防、またこのゾーンから脂肪燃焼が始まります。

「ZONE3」：最大心拍数に対して70～80％の心拍数の運動（有酸素運動の最適領域）。ジョギング、バイクにおいて少し疲れを感じるくらいの強度で、息が上がって汗が滲《にじ》んでくる状態です。効果としては脂肪燃焼、運動能力の向上も期待できます。

「ZONE4」：最大心拍数に対して80％を超える運動（無酸素運動領域）。筋肉が疲労し、呼吸も荒くなり、きつい感覚になってきます。効果としては心肺機能の向上や筋力アップが期待できます。

「ZONE5」：最大心拍数に対して90％を超える運動（無酸素運動限界領域）。呼吸がかなり苦しくなり、身体も限界状態になります。一般の方はこのゾーンに5分以上

心拍数による5つのZONE

	目的	強度	心拍数の目安	時間の目安	効果／体感
Zone 5	**Maximum** 試合に備える	非常にきつい	90-100%	5分未満	効果：瞬発力の向上 最高スピードを上げる 体感：呼吸・筋肉とも非常につらい
Zone 4	**Hard** パフォーマンスの向上	きつい	80-90%	2-10分	効果：最大運動能力の向上 体感：筋肉が疲労し、乳酸が発生 息が荒くなる
Zone 3	**Moderate** 持久力のUP	ややきつい	70-80%	10-40分	効果：脂肪燃焼と運動能力の向上 体感：筋肉が少し疲労し汗が出始める
Zone 2	**Light** 体重を減らしたい	軽い	60-70%	40-80分	効果：生活習慣病の予防・改善 脂肪燃焼 体感：軽い運動
Zone 1	**Very Light** 運動プログラム開始 疲労回復	非常に軽い	50-60%	20-40分	効果：身体の新陳代謝を促す 体感：身体が温まり始める

留まらないように注意してください。効果としては、瞬発力やスピードの向上が期待できます。

5つのゾーンから目的に合ったものを選んで身体に刺激を与えることで、自分の潜在能力を引き出すことができます。

ジョギングを日課としている方は多いことと思います。ジョギング中にダッシュするなどスピードアップを加えたり、途中でウォーキングに切り替えるなど、バリエーションを増やすとトレーニング効果がより上がります。

僕のメソッドでは、トレーニングはできるだけ単調にならないよう、いかに身体に刺激を与えるかがキーポイントです。**同じトレーニングを続けていると身体は慣れてしまって、成長曲線を描かなくなるのです。そのため運動に強弱をつけ、身体を飽きさせないようにすることが必要になります。**年齢を重ねるにつれ、スローテンポへと徐々に移行しながらも、常に異なる刺激を与えるように工夫しましょう。

最強のトレーニング・プログラム

85ページの図はZONE2～4を用いたスタミナ・心肺機能系のトレーニング例です。これはジョギングでもバイクでも同様に用いることができるものです。このプログラムを参考に様々なトレーニングパターンを取り入れてみてください。

各プログラムの中に、「歩く」というインターバルを入れることが重要です。具体的には、歩いたり、バイクを軽く漕いだりする程度でいいのですが、**心拍数は必ず「ZONE1」に当たる50～60%にまで落としてください。**

トレーニングは、**身体に負荷をかけ続けるよりも、インターバルを挟んだ方がより効果的**であることが実証されています。

このトレーニング・プログラムは、僕が実際にアスリートに課しているものと同じメニューです。例えばアスリートが「ZONE4」のプログラム6を行う場合、400メートルのトラックを用います。そして、トラック1周を1分で走ってもらいます。かなり全力疾走に近い形です。その後2分歩いてまた400メートル走る、これを7本続けるというのはかなりきついトレーニングだということは想像いただけるでしょう。

85ページの図で、例えば5分「運動」とあれば、5分のうちに目標の心拍数に達すれば良いのです。 5分間ずっと心拍数を保つ必要はありません。

年齢によっては、「ZONE4」のトレーニングはちょっときつすぎるかもしれません。その場合は、時間を半分にしてください。とにかく強度の強いトレーニングも含めることが大事です。身体を刺激して自分の最大出力を試すことが、自らの潜在能力を目覚めさせるのです。

ジョギングやバイク等、屋外のトレーニングは健康のためにも有効です。日光を浴びることで人間の身体は活性化します。日焼けのケアをしながら、屋外トレーニングをぜひ楽しんでください。

また外気を感じたり、スポーツで人と交流したりすることは、健全な身体と心を維持するのに最も効果的な方法なのです。

スタミナ・心肺機能を向上させるプログラム

「運動」はジョギング、バイク等をZone内の心拍数で行ってください。「歩く」は無理のない状態でインターバルを取って、心拍数は最大心拍数の50～60%に留めてください。

Zone 2
を用いたプログラム例
最大心拍数の60-70%

プログラム 1
合計時間45分:（10分「運動」＋5分「歩く」）×3本

プログラム 2
合計時間20-40分:「歩く」20～40分継続を目指す

Zone 3
を用いたプログラム例
最大心拍数の70-80%

プログラム 3
合計時間30分:（10分「運動」＋5分「歩く」）×2本

プログラム 4
合計時間30分:（5分「運動」＋2.5分「歩く」）×4本

Zone 4
を用いたプログラム例
最大心拍数の80-90%

プログラム 5
合計時間20分:（2分「運動」＋2分「歩く」）×5本

プログラム 6
合計時間21分:（1分「運動」＋2分「歩く」）×7本

僕がこれまでに関わってきた選手達との経験から言えるのは、**トレーニング効果を上げ、より高いレベルにまで引き上げるのに最も大切なのは「継続性」であるということです。**プロスポーツ選手といえど、日々の激しい練習に加えてトレーニングを繰り返すことは簡単ではありません。

ただし、ずっと同じトレーニングを継続していると、神経回路に慣れが生じて、体が現状維持もしくは退化してしまいます。

同じマシーンでも運動強度を上げる、回数や時間を増やす、走る速度や距離を増やすなどによって身体機能を高められます。今日は45分走ったから次は50分に延ばしてみよう。普段のトレーニングは1時間だけれど、30分延ばしてみよう。週2回のジム通いを週3回へと、トレーニングの質は維持しながら量を増やすことによって身体に刺激を与えます。**身体を進化させるにはトレーニングの負荷や難易度を少しずつ高めていくことが大切です。そのためには、休息時間をうまく取り入れる工夫も必要です。**

大坂なおみとのトレーニングの合間に。
休息中にはリラックスすることも大切

Step 3 最強のアクティベーション（ウォームアップ）

それではここから、「呼吸法」「モビリティ」「スタビリティ」「ダイナミック・ストレッチ」といったアクティベーションの方法を連続写真でご紹介します。アクティベーションはトレーニングや練習に入る前のウォームアップとして行うものですが、アクティベーションだけでも充分に身体を整えるトレーニングとなります。「モビリティ」は身体の可動域を広げるための運動。「スタビリティ」は身体の安定性を高めるための運動。「ダイナミック・ストレッチ」は筋力強化も出来る運動です。

ここで紹介するアクティベーションは、僕が実際にトップアスリートを指導する際に用いるのと全く同じものです。

例えば大坂なおみはここに挙げたアクティベーションを日々実践していました。まず身体をほぐす動作から始め、モビリティ、スタビリティを確認してから、ダイナミック・ストレッチを行うのです。

なおみは元々フィジカルに優れた選手でした。マシントレーニングでは重い重量も上げられるし、動きも素早い。その強みを補完するために、アクティベーションを、かなり丁寧に行いました。フィジカルの強さが最大の武器ですが、彼女の場合、持っているパワーをコントロールするためには身体の柔軟性が必要になってきます。だから、なおみにとって、アクティベーションは通常の練習と同じくらい重要な意味があるのです。

アクティベーションの重要性は、現在多くのアスリートに認識されています。最強のプロテニスプレーヤーであるノバク・ジョコビッチの強さの根幹は、アクティベーションによって形成された驚異的な柔軟性にあると言っても過言ではないでしょう。また錦織も練習前に1時間ほど入念にアクティベーションを行っています。

これから紹介するアクティベーションは、自宅で簡単に行うことができるものなので、是非皆さんも実践してみてください。

運動前にはまず深呼吸して身体を整えます。この時に自らの『体幹』をしっかり意識してください。お腹の上下の動きを確認するのです。正しい深呼吸を行うことで精神面もフィジカル面も安定します。

最強のアクティベーション

呼吸法

仰向け

片手を胸に、反対の手をお腹の上に乗せます。アゴを引いて、首の後ろの部分を伸ばす意識を保ってください。この状態から鼻呼吸で深呼吸をして、手を乗せた状態で、お腹を最大限に膨らませます。注意点は胸に乗せた手が動かないこと。肩呼吸を予防してくれます。

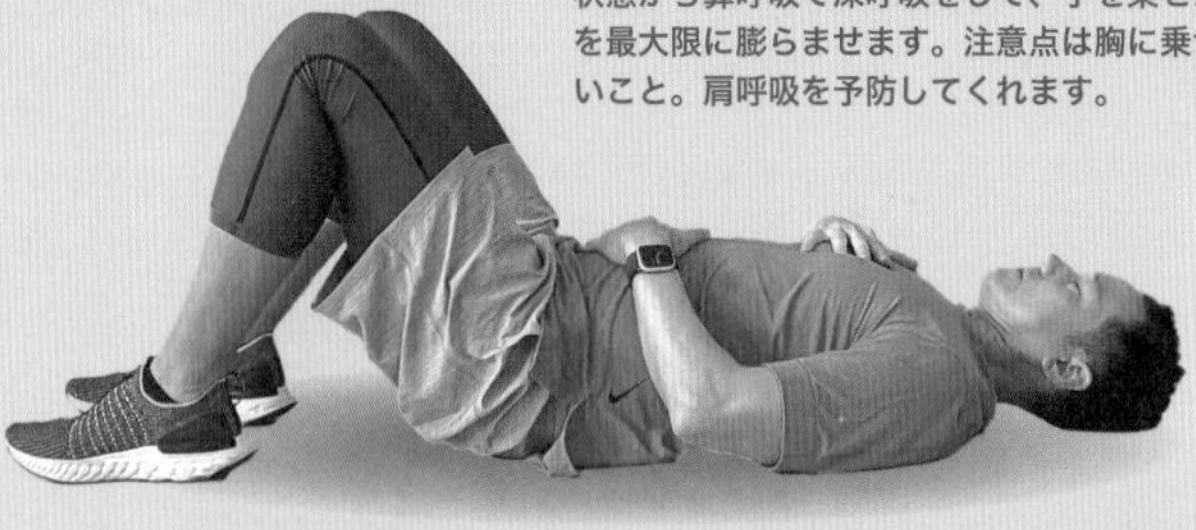

ゆっくりと鼻呼吸で息を吐いていきます。胸に置いた手は動かさずに、全ての息を体内から吐き出す勢いで行います。お腹は意識して凹ませます。この状態が最も安定した、力強いポジションと言われています。

うつ伏せ

両手を合わせて額の下に置きます。息を吸った時には腹圧でお腹を床に押し付けてください。息を吐く時にお腹を持ち上げ、床から多少の隙間を作ります。

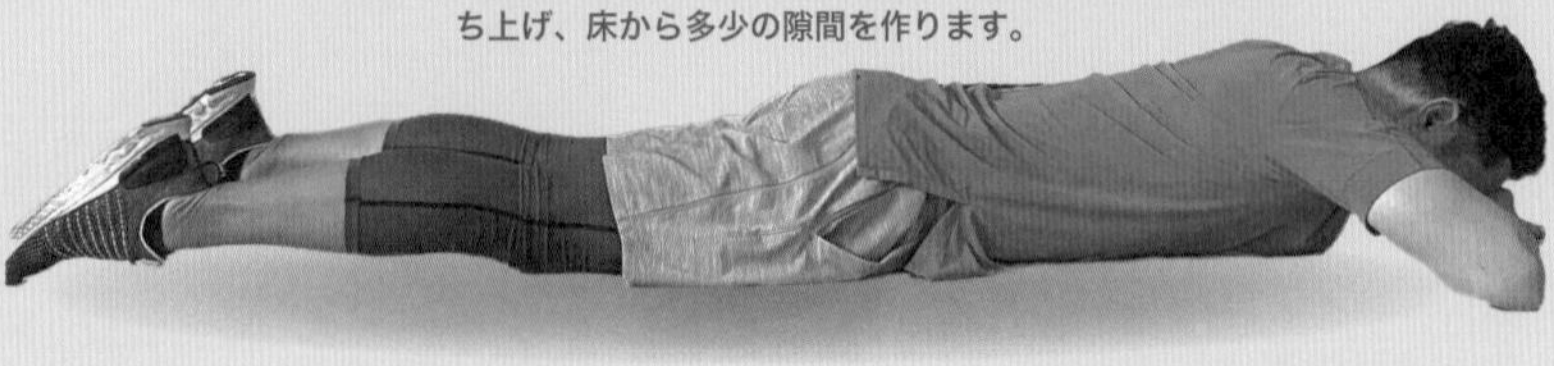

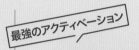

最強のアクティベーション

モビリティ①

ヒップ90・90A

股関節の可動域を広げる

「ヒップ90・90」は、股関節と膝関節をそれぞれ90度に保つ運動です。93ページまでで紹介するA～Cの3パターンを行うことで、日頃使い慣れない股関節の可動域を広げます。

アゴを引いて、胸を張る感覚を持つとより効果があります。

まずは、お尻を床につけて、膝が90度になるぐらいの位置に足を置きます。上半身は後方30度くらいの角度で、両腕でしっかりと支えて固定します。

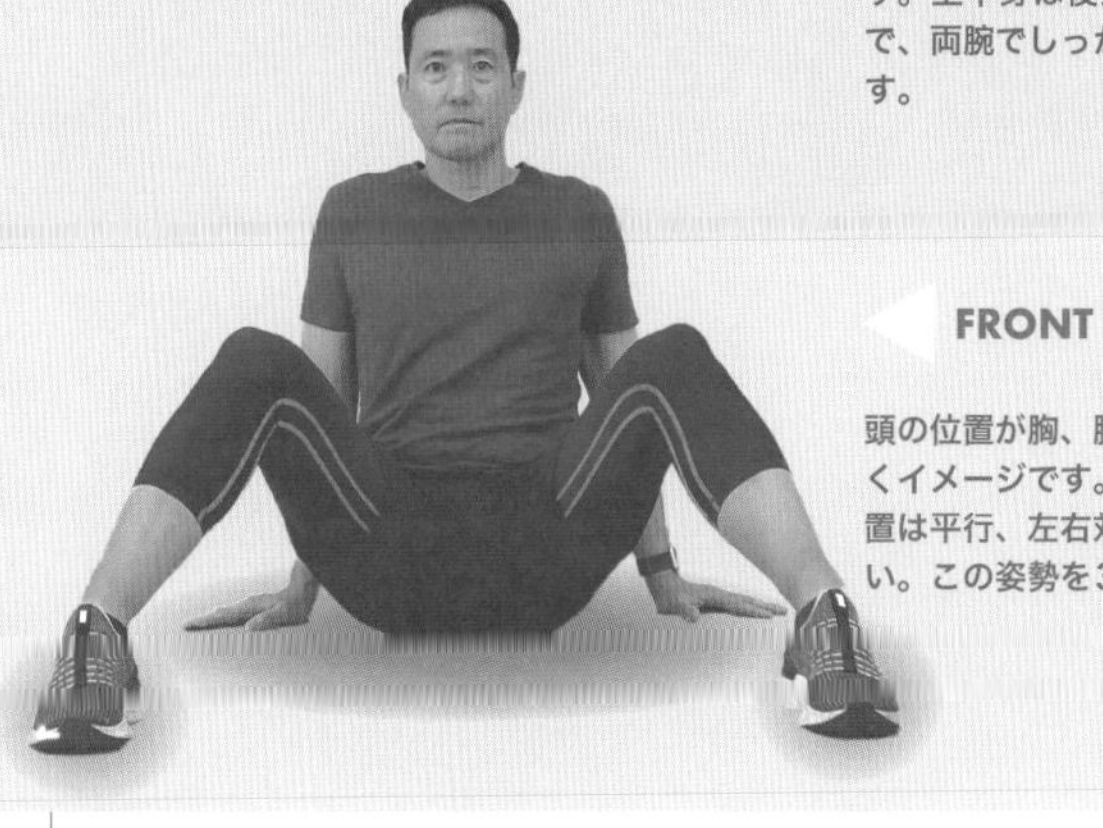

頭の位置が胸、膝に沿って一直線を描くイメージです。理想は肩から膝の位置は平行、左右対称を意識してください。この姿勢を30秒保ちます。

最強のアクティベーション

モビリティ②

ヒップ90・90B

股関節をほぐす

91ページの最後の姿勢から、左膝（外側）と右膝（内側）を床に3秒ほど押し付けるイメージで行います。

股関節をほぐすのに最適な運動です。股関節は日常生活においても多く使われるので、丁寧にほぐしていきましょう。

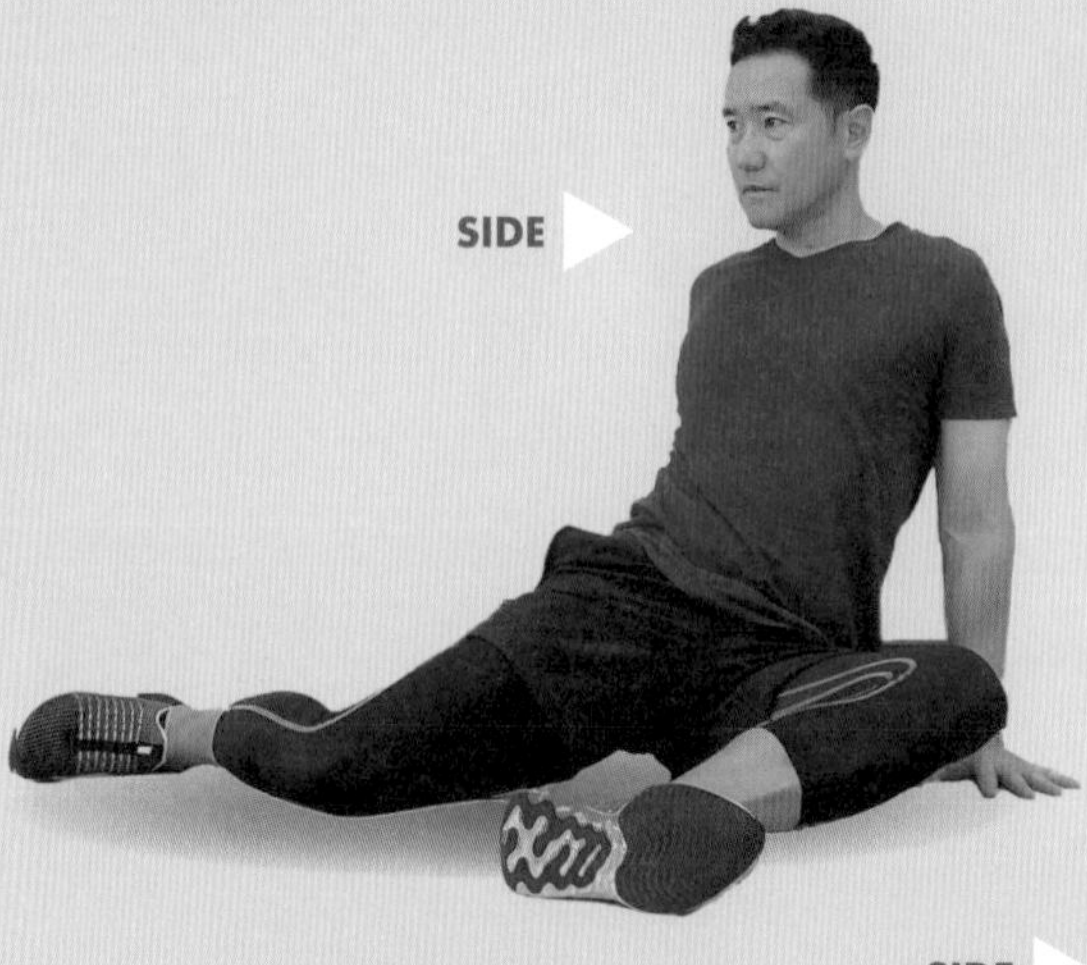

体重をさらに左側へ移行していきます。左右の足を入れ替えて5回ずつ行います。

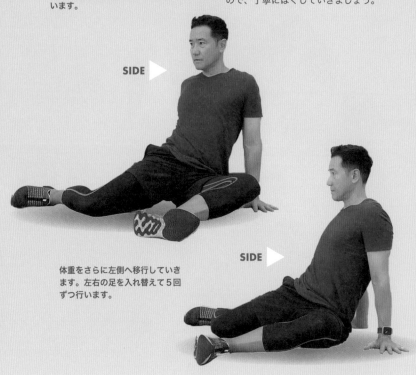

最強のアクティベーション

モビリティ③

ヒップ90・90C

臀部を伸ばす

最も出力が高い股関節周りのストレッチで、ゆっくりと伸ばすのが効果的です。アスリートも、一般の方も使い続けている部位なので、丁寧に伸ばすことで日頃のコリが取れます。

股関節と膝関節は、それぞれ90度の角度を保ちます。

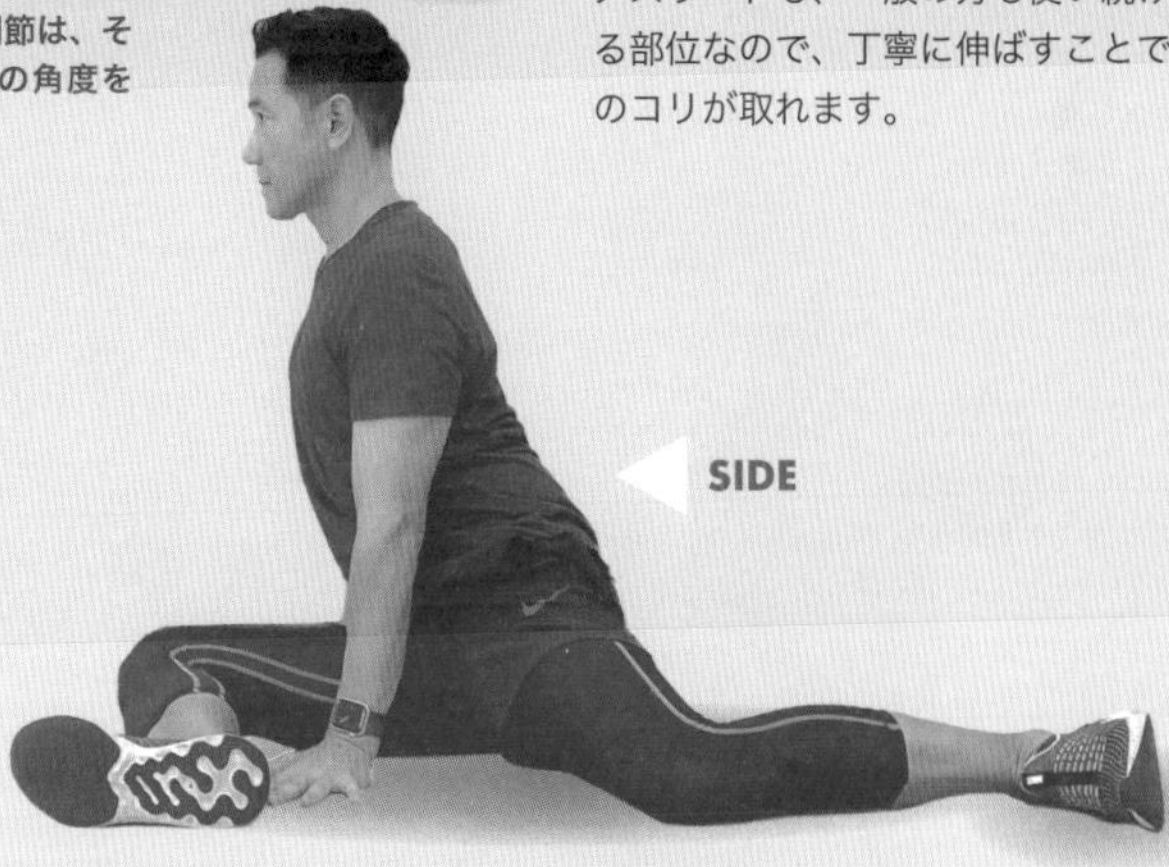

30度ほど前傾して、前脚の臀筋群（お尻の筋肉）に体重を乗せます。股関節が硬いと、斜めに偏る場合があるので両手でバランスを取るのがコツです。30秒静止してください。

左右の足を入れ替えて、同じく30秒静止してください。

最強のアクティベーション

モビリティ④

世界最強のストレッチ

全身を整える

どんなに忙しくても、これだけは欠かせない、まさに「世界最強のストレッチ」です。全身を伸ばすので身体全体に刺激が加わります。

1

両手を肩関節の真下の床についてしっかりと伸ばし、上半身を安定させます。その状態から左足を左手の側に置き、膝の角度を90度に保ちます。右足は真っ直ぐ後ろに伸ばします。股関節周りが伸びていることを意識しましょう。

2

右手は床についたまま、上半身を回旋させながら左手を真っ直ぐに伸ばします。この時に、右腕から左腕が真っ直ぐ一直線になるよう保ってください。上半身が伸びていることを意識しましょう。

3

両手を床につき上半身を安定させて、左足の膝を伸ばしてください。ハムストリングス（太もも裏の筋肉）が伸びていることを意識しましょう。足を入れ替えて左右５回ずつ行います。

最強のアクティベーション

モビリティ⑤

ヒール・トゥー・シット

上半身の可動域を広げる

背中と腰を伸ばし、さらに回旋運動を行います。フォームローラー（写真の筒状の器具）を用いると効果的です。ない場合は写真のように右手を引き伸ばす形で行ってください。

1

股関節が膝関節の真上に来るようにして、背中から腰椎を真っ直ぐに保ちます。フォームローラーをお腹の下に置きます。

2

スクワットのように、腰を落とすイメージでお尻をかかとまで持っていきます。

3

右腕前腕をフォームローラーに乗せます。

4

2のポジションを保ちながら、胸椎（背中の真ん中）から上半身を回旋させます。左右5回ずつ行ってください。

最強のアクティベーション

スタビリティ①

グルートブリッジ

臀部を安定させる

身体で最も出力の高い部位がお尻周り、股関節です。その伸展運動です。まずは両足から始めて、慣れてきたら、片足でも挑戦してみましょう。片足の場合、左右差（可動域、伸展度合い等）があるかにも気をつけ、矯正していくと良いでしょう。

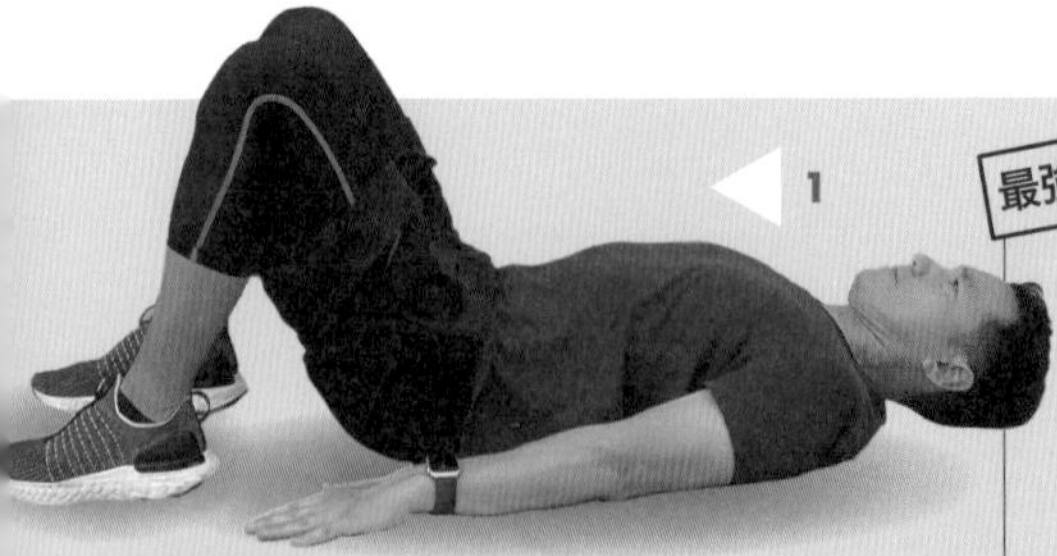

1

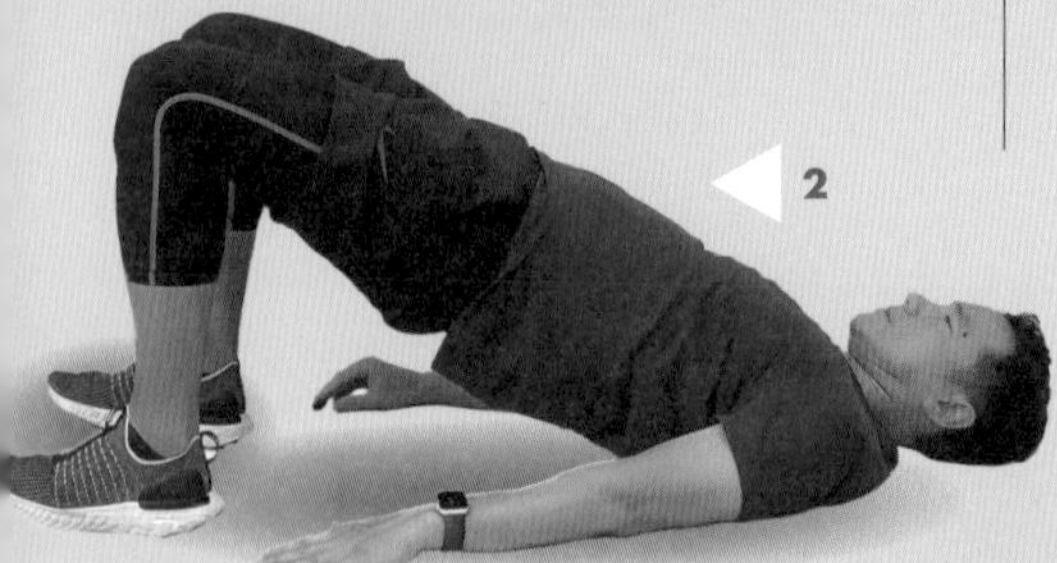

2

背中を床につけた状態から、アゴを引いて背筋を伸ばし、息を吸ってお腹を持ち上げます。

3

片膝を軽く抱えることで、腰椎の過剰な伸展を防げます。

4

足全体を使って腰を伸展させて、肩〜腰〜膝関節が一直線になるくらいを目指します。両足に比べ片足の場合は、軸足の内転筋（股関節の付け根から太ももの内側、膝の内側に付着する筋肉）の伸びを実感できるはずです。左右8回ずつ行ってください。

最強のアクティベーション

スタビリティ②

ショルダータップ

肩・肩甲骨を安定させる

肩関節のエキササイズです。投げる動作等、肩を多用する運動に効果的で、肩甲骨から肩関節の強化に最適です。40肩の予防・改善にも効果があります。

1 両手両足を床につけた状態で膝を持ち上げます。股関節は膝関節の真上、肩関節は手首の真上に来るようにします。アゴを引き、腕を真っ直ぐな状態に保ちます。

2 左手一本で、上半身を支え、右手でゆっくりと軽く左肩を触ります。その時にお尻周り（股関節）が左右にブレないことが理想です。

3 ゆっくりと右腕を床に下ろし、身体を固定したまま、左手でゆっくりと軽く右肩に触ります。この時もお尻周りのブレに注意しましょう。ゆっくりとした動作して左右5回ずつ行います。

最強のアクティベーション

スタビリティ③

サイドプランク

体側を鍛える

肩関節、肋骨、股関節付近の運動です。日頃意識をしないと使わない筋肉を調整します。全身運動であるため、身体の安定性を整えてくれます。

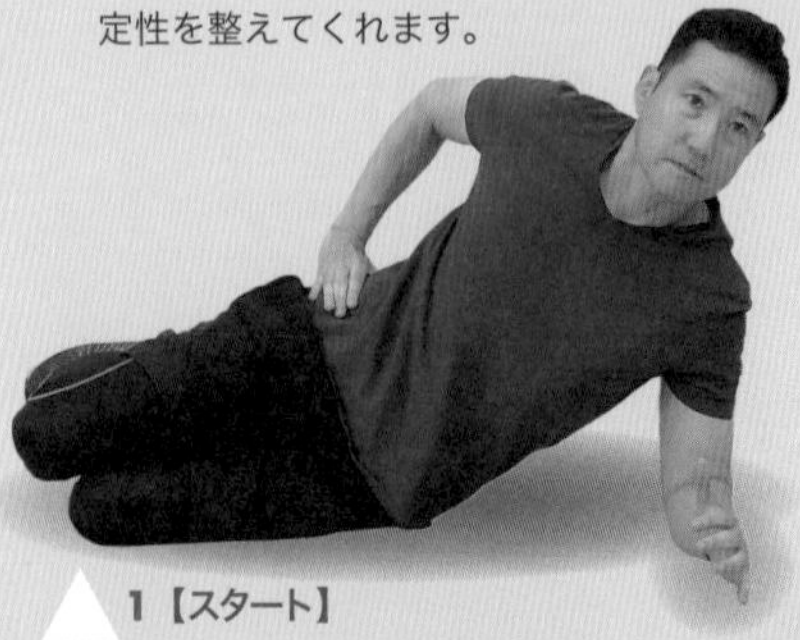

1【スタート】

左肘を床につけ左肩の真下に置き、右手は右股関節に添えてスタートポジションを作ります。

2【初級編】

腰を上げて、お尻の筋肉をキュッと絞り５秒静止、１へ戻ります。ゆっくりとした動作で左右５回ずつ行います。

3【中級編】

さらに、上の膝を90度に曲げたまま足を開き右手を上げ５秒静止、１へ戻ります。左右５回ずつ行います。

4【上級編】

さらに、90度に曲げた右膝を真っ直ぐ伸ばし５秒静止、１へ戻ります。左右５回ずつ行います。

最強のアクティベーション

ダイナミック・ストレッチ①

リバース・ランジ

下半身と上半身の連動

モビリティ、そしてスタビリティで養った運動機能を次のレベルまで上げていくストレッチです。股関節運動と体幹の連動がポイントです。

1

つま先の位置を真っ直ぐ前にして、頭のてっぺんから一本の糸で引かれているイメージを持って垂直に立ちます。

2

上半身は床に対して常に垂直の状態を保ち、右足を後ろに引きつま先は床につけます。左膝はつま先よりも前に出ないように気をつけてください。

3

２のポジションを保って、身体を左側へ回旋していきます。肩を回すのではなく、胸椎（背中の真ん中）を中心に動かす感覚で行ってください。左右5回ずつ行います。

最強のアクティベーション

ダイナミック・ストレッチ②

Tバランス

下半身のバランスを鍛える

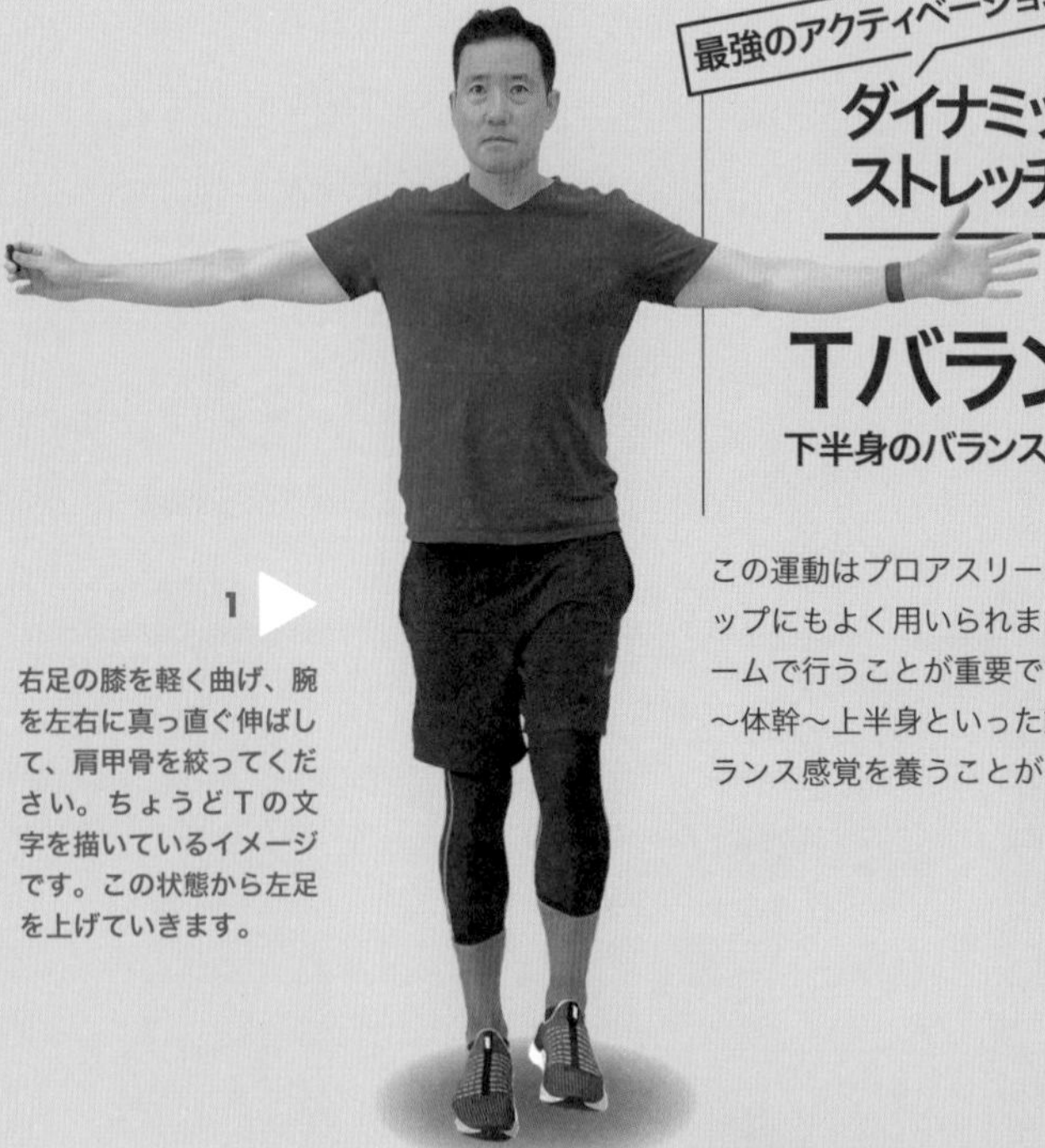

この運動はプロアスリートのウォームアップにもよく用いられます。正しいフォームで行うことが重要です。足〜膝〜腰〜体幹〜上半身といった動きの連動とバランス感覚を養うことができます。

1

右足の膝を軽く曲げ、腕を左右に真っ直ぐ伸ばして、肩甲骨を絞ってください。ちょうどTの文字を描いているイメージです。この状態から左足を上げていきます。

2

腰を引きながら上半身を床と平行になるぐらいまで前傾していきます。膝は15度ほど曲げて動きを柔らかくしてください。上半身は真っ直ぐな状態を保ちます。背中が丸まるのを防ぐため、腕を真っ直ぐにして肩甲骨を絞ると効果があります。左右5回ずつ行います。

最強のアクティベーション

ダイナミック・ストレッチ③

ラテラル・ランジ

股関節の内転筋を鍛える

球技に効果的な運動です。敏捷性や方向転換に必要な動作を養います。内転筋とお尻の筋肉を活用するストレッチなので、見た目以上に難しく、かつ効果が期待できる運動です。

1

上半身は真っ直ぐ起こし、両手は前に伸ばします。つま先は左右それぞれ15度ほど外へ向け、かなり大股に構えます。普段の生活では体験しない動作ですので気をつけて行ってください。

2

左側へ腰を引き重心を落としていきます。注意点は、つま先と膝が同じ方向であることと、膝がつま先よりも前に出ないことです。さらに左の太ももが床と平行になるくらい深くできればベストです。左右5回ずつ行います。

最強のアクティベーション

ダイナミック・ストレッチ④

ドロップ・ランジ

股関節の外側を鍛える

太ももの外側に位置する腸脛靭帯（ちょうけいじんたい）はITバンドとも呼ばれ、その周辺の筋肉群はアスリートも、一般の方も張りが出ている場合が多いのです。この運動によって下半身を効果的にストレッチできます。

1

左足の膝を軽く曲げ（15度ほど）、上半身は真っ直ぐな姿勢を保ち、腕は前に伸ばします。この状態から右足を後ろに引きます。

2

腰を引きながら、身体全体を落として膝をつきます。ここから1の状態に起き上がります。注意点は左足のつま先の位置をずらさす、膝がつま先よりも前に出ないこと。股関節・肩関節はできるだけ正面を向いた状態で上下することが理想です。左右5回ずつ行います。

Step 4

ストレングスの実践

トレーニング・メソッドの最後にストレングス（筋力トレーニング）を紹介します。どんなスポーツにおいても、その種目独自に必要なトレーニングは全体の3割程度で、残りの7割は共通のトレーニングになります。つまり、一般の方に必要なトレーニングも、アスリートが行うべきトレーニングもベースは一緒というわけです。

僕は大谷翔平選手はいったいどんなトレーニングをしているのか、興味があって知人を通してリサーチしたことがあります。しかし彼も特殊な器具などを使って特別なトレーニングを行っている、というわけではないことを知りました。基本的なトレーニングを日々着実にこなしていることで現在の大谷翔平があるのです。

ここでは強度の強い「筋力・筋肥大系」（最大筋力を上げる）と、強度の軽い「筋持久力系」（繰り返しの負荷に耐えられる）の2種類のストレングスを紹介します。

Method
1
Training

Strength

ストレングス

筋力・筋肥大系

「筋肥大」には負荷をかけたトレーニングが効果的です。そのため、ダンベル等の器具を用いる必要があります。通常のジムには必ず備え付けられているので、写真で示した通りの正しい姿勢で行いましょう。強度、回数・セット数、レスト（各セットの間の休息時間）は下図を参照ください。

強度｜強い

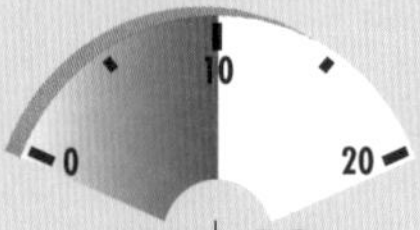

回数｜10

セット｜3~5

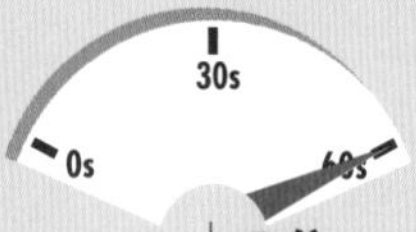

レスト｜1分

ストレングス

筋力・筋肥大①

スクワット

下半身の強化

スクワットはキング・オブ・エキササイズと呼ばれ、トレーニングの王道です。下半身を中心とした運動ですが、全身を鍛えられます。ダンベルを用いて負荷をかけると、より効果的です。

1

つま先は左右10〜20度ほど外に向けて真っ直ぐ立ちます。ダンベルを使う場合は、両手で胸の前に支え、固定します。

2

腰を落とし、大腿四頭筋（太もも）が床に対して平行になるくらいに深く曲げます。注意点は膝関節がつま先の位置よりも前に出ないこと、そして膝関節とつま先の方向が同じであることです。特に膝が内側に入ってしまうと、膝を痛める原因になるので気をつけましょう。上半身は真っ直ぐ保ち、ダンベルを使う方は、その重さに負けないイメージで行ってください。

ストレングス

筋力・筋肥大②

シングルレッグ・ルーマニアンデッドリフト

下半身の強化

代表的な下半身トレーニング法で、多くのアスリートが取り入れています。ダンベルを持っている腕と軸になっている足、両方の運動機能の向上を目指します。

1 ▶

右足に体重を乗せ、軽く右膝を曲げ（15度）ます。左手でダンベルを持ち、左の肩甲骨から脇を締め上半身を固定します。右手は床と平行に伸ばします。この状態から左足を上げていきます。

2 ▶

全体重を右足にかけ、上半身を床と平行になるまで倒していきます。左手に持ったダンベルの重さで、大きく引っ張られないように、背筋から肩甲骨周辺の筋肉を意識し、安定した姿勢を保ってください。左右を入れ替えて行います。

NG ×

背中が丸くなった状態では効果は半減するうえ、怪我を誘発するので要注意です。

ストレングス

筋力・筋肥大③

ベンチプレス

上半身の強化

上半身の前面（胸筋、三角筋、上腕三頭筋）を鍛える運動です。ダンベル、もしくはバーベルを用いてベンチの上で行ってください。

1

ベンチの上に背中をつけた状態でダンベルを持ち上げます。腕を真っ直ぐに伸ばし、ダンベルの重さを実感してください。ダンベルの場合（バーベルと比較すると）、左右の腕の力の違いを多少実感するかと思います。

2

両前腕は平行で、床に対して垂直のポジションを意識しながらゆっくりと下ろしていきます。ダンベルを胸のラインまで下ろしたら、そこから一気に1まで上げていきます。

ストレングス

筋力・筋肥大④

ダンベル・ロウ

背中の強化

多くのスポーツでは前面の筋肉が発達するので、裏面の肩甲骨周辺から背中の筋肉を鍛えることでバランスを取ります。姿勢作りから、怪我の予防に最適なエキササイズです。

1

ベンチに左膝と左手をついて身体を固定します。ダンベル持った右手は真っ直ぐ伸ばします。

2

ダンベルは真上ではなく、多少おへその方へ引き上げます。ダイナミックに動くのは右腕とその肩甲骨周辺のみで、他の部位はその動きを支えるように固定した状態を保ちます。ポイントは、上げたダンベルをゆっくりと下ろすことです。左右を替えて行います。

NG ×

最大限の筋肉の発達には最大限の可動域内で行うことが大切なので、背中を曲げると効果が半減します。

Method
1
Training

Strength
ストレングス

筋持久力系

「筋持久力」を鍛えるには軽い負荷で筋肉を動かし続ける反復運動が有効です。そのために効果的なのはトレーニングチューブを用いたトレーニングです。ジムには大抵備えられていますが、安価なものは1000円程度で入手できるので、自宅でのトレーニングに最適です。強度、回数・セット数、レスト（各セットの間の休息時間）は下図を参照ください。

強度｜やや軽め

回数｜10~15

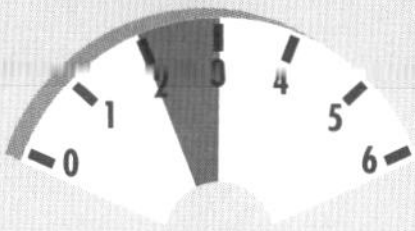

セット｜2~3

レスト｜30秒

ストレングス

筋持久力①

タオルトレーニング

股関節・背中の強化

タオルを用いて、股関節周辺から背中を鍛えるトレーニングです。タオルは収縮しないので、アイソメトリック（筋伸縮させずに一定の姿勢をキープして負荷をかけるトレーニング）に最適です。タオルを引いた状態で息を５秒吐き、力を抜いた状態で息を５秒吸う、これを繰り返します。

SIDE

理想は写真を参考に、腰を充分に落とし上半身が床に対して45度になることです。両手でしっかりとタオルを握り、脇を締めます。アゴを引いて、目線は斜め前に据えます。

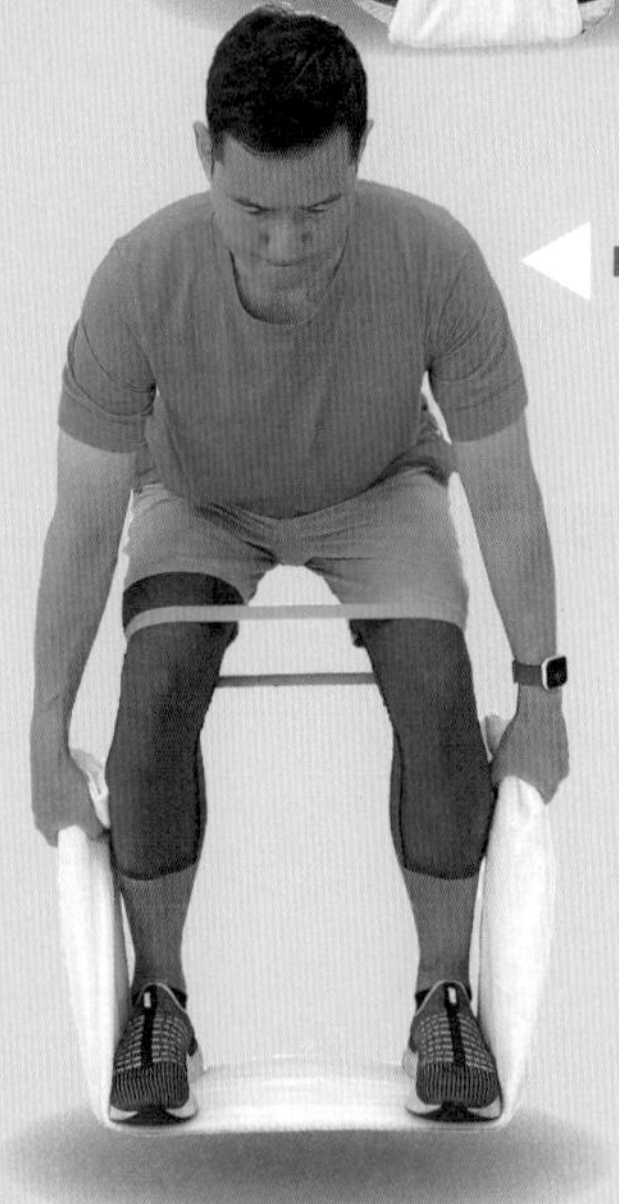

FRONT

鼻呼吸で息を吸い、ゆっくりと息を吐きながらタオルを引きます。引っ張る意識よりも、股関節の伸展を中心に下半身から力を発揮するイメージで行ってください。エキササイズバンド（写真のゴム状のバンド）を用いて膝を外側に引っ張るとより効果的です。

NG ×

力を最大限に発揮するために、膝が内側に傾くことは避けてください。

ストレングス

筋持久力②

腕立て伏せ

上半身・体幹の強化

場所を取らず、器具もいらない、私の大好きなエキササイズです。主に上半身の前面（胸筋、三角筋、上腕三頭筋）を鍛えますが､体幹にも刺激を加えられます。身体を一直線に保った状態で行うとより効果的です。

1 構えのポジションは写真を参考に、肩〜肘〜手首は一直線で床に対して垂直。頭のてっぺんからくるぶしまで一直線をイメージしてください。

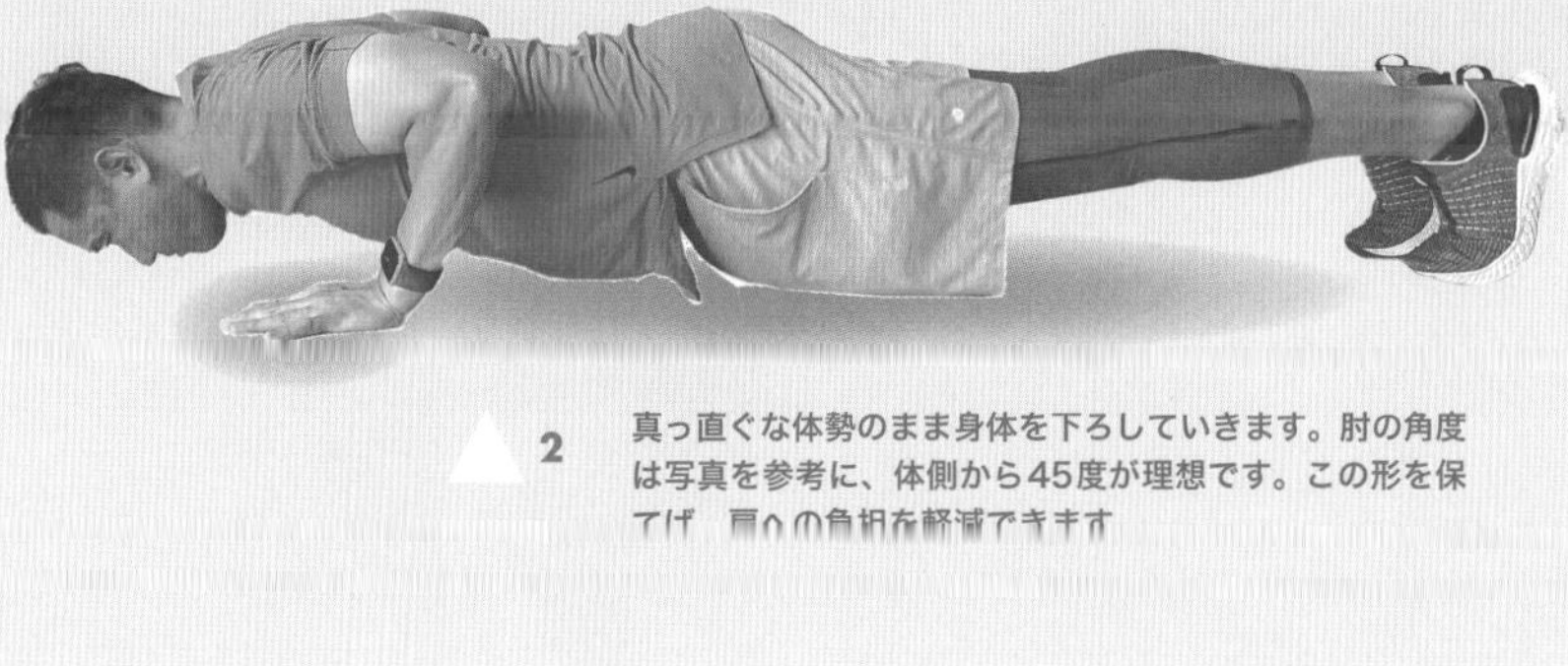

2 真っ直ぐな体勢のまま身体を下ろしていきます。肘の角度は写真を参考に、体側から45度が理想です。この形を保てば、肩への負担を軽減できます

ストレングス

筋持久力③

ウォール・スクワット

下半身の強化

スクワットは筋肥大に効果がありますが、ウォール・スクワットは筋持久力に効果的です。プロアスリートも一般のフィットネス愛好家も日頃から取り入れています。しかし、正しいフォームで行わないと効果半減どころか、怪我を誘発する可能性があります。写真を参考に自分のフォームをチェックしてください。

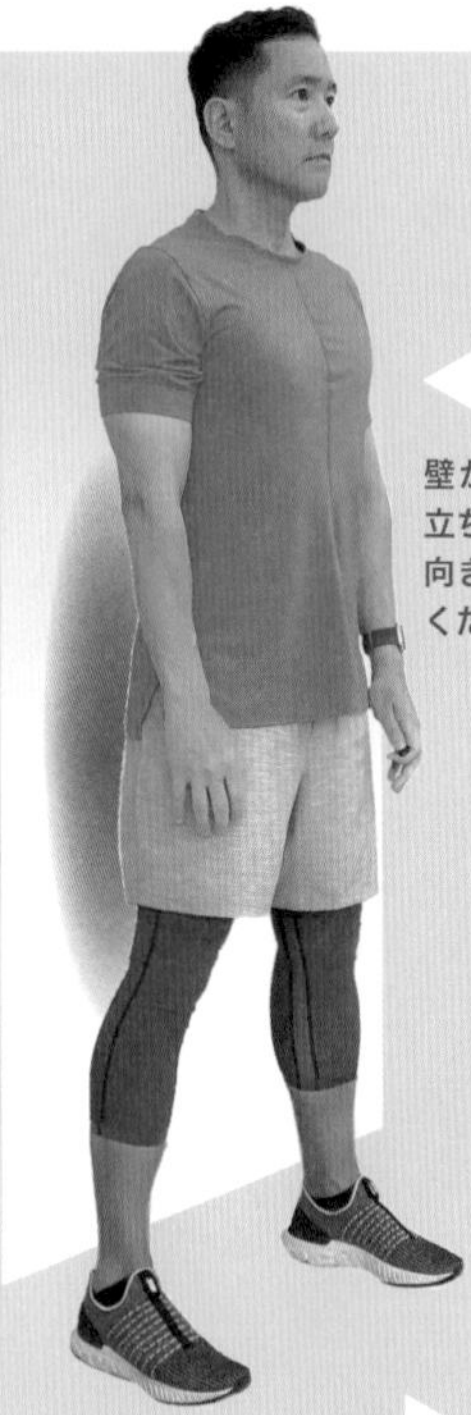

1

壁から30cmほど離れて立ちます。つま先はやや外向きで15度ほどに保ってください。

2

ベンチに腰掛ける感覚で腰を落としていきます。上半身は45度の角度で、太ももが床に対して平行になるぐらいまで深く曲げることができればベストです。膝関節はつま先より前に出ないように気をつけましょう。お尻が壁に軽く触れる状態だと深さを調整できます。

3

中臀筋と呼ばれる股関節周辺の筋肉群が稼働しないと、膝が内向きになりかねません。それを防ぐには、エキササイズバンドを用い、膝を広げる意識を持つと良いでしょう。

ストレングス

筋持久力④

バンド・ロウ

上半身と下半身のバランス強化

ここからは、トレーニングチューブ（写真参照）を用いた運動を紹介します。「バンド・ロウ」は主には上半身、特に背中の運動ですが、下半身も連動して鍛えられます。左右の動きの滑らかさ、力強さの違いに着目して行ってください。

1 右足を前に出し、上半身を床に対して30度ほど前傾して構えます。左手でチューブのハンドル（手で持つ部分）を持ちます。もう一方のハンドルは柱やドア等に固定してください。

2 左の肩甲骨を引いて脇を締めます。次に左腕をおへそから股関節周辺まで引いていきます。他の部位は動かさず、固定した状態を保ちましょう。左右を替えて行います

ストレングス

筋持久力⑤

バンド・シングルレッグ・ルーマニアンデッドリフト

足の強化

足のトレーニングとして代表的なエキササイズです。p.106で紹介した「シングルレッグ・ルーマニアンデッドリフト」と比べ、可動域を広げることを意識した運動になります。膝や腰など関節痛の多くは、筋力、可動域などの左右差が原因となります。それを矯正するのにこの運動がお勧めです。

1

左手でハンドルを持ち、軸足（右）でバンドを踏みます。張りを感じるくらいの位置にハンドルを持ち上げます。負荷が足りないと感じた場合は、短く持つなり左手で引くなりして調節してください。右手は床と平行に延ばし、この状態から左足を上げます。

2

右膝は柔らかく15度ほど曲げ、上半身が床と平行になるまで倒していきます。この時、右のハムストリングス（太もも裏の筋肉）とお尻の臀筋群に刺激を感じます。上半身はバンドを持つ左側の肩甲骨周辺から背筋群が稼働します。この動きのポイントは、どれほど右膝を深く曲げるかで、負荷に大きな違いが生まれることです。左右を替えて行います。

ストレングス

筋持久力⑥

バンド・ショルダー

肩周りの強化

姿勢作りに大きく貢献する筋肉群（三角筋）の強化です。肩関節は細かく繊細なので、バンドを用いてトレーニングの回数をこなすことで強化できます。前、横、後ろの３つのパターンがあります。

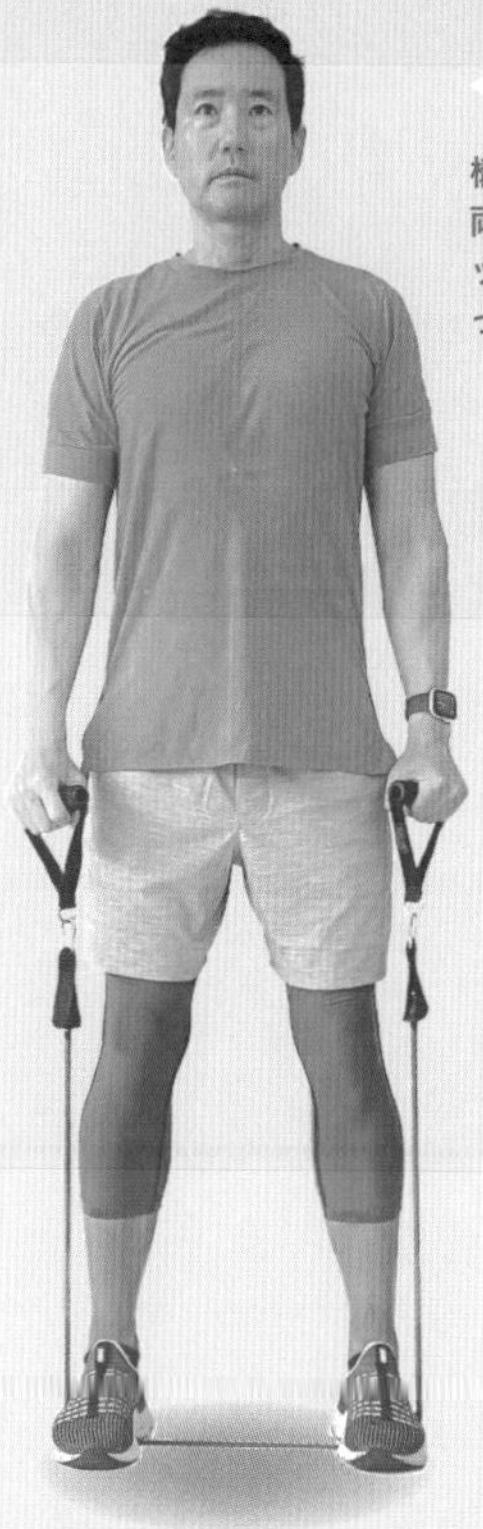

1

構え（前と横）：真っ直ぐに立ち、両手でバンドのハンドルをポケットの横で持ちます。身体を真っ直ぐに保ってください。

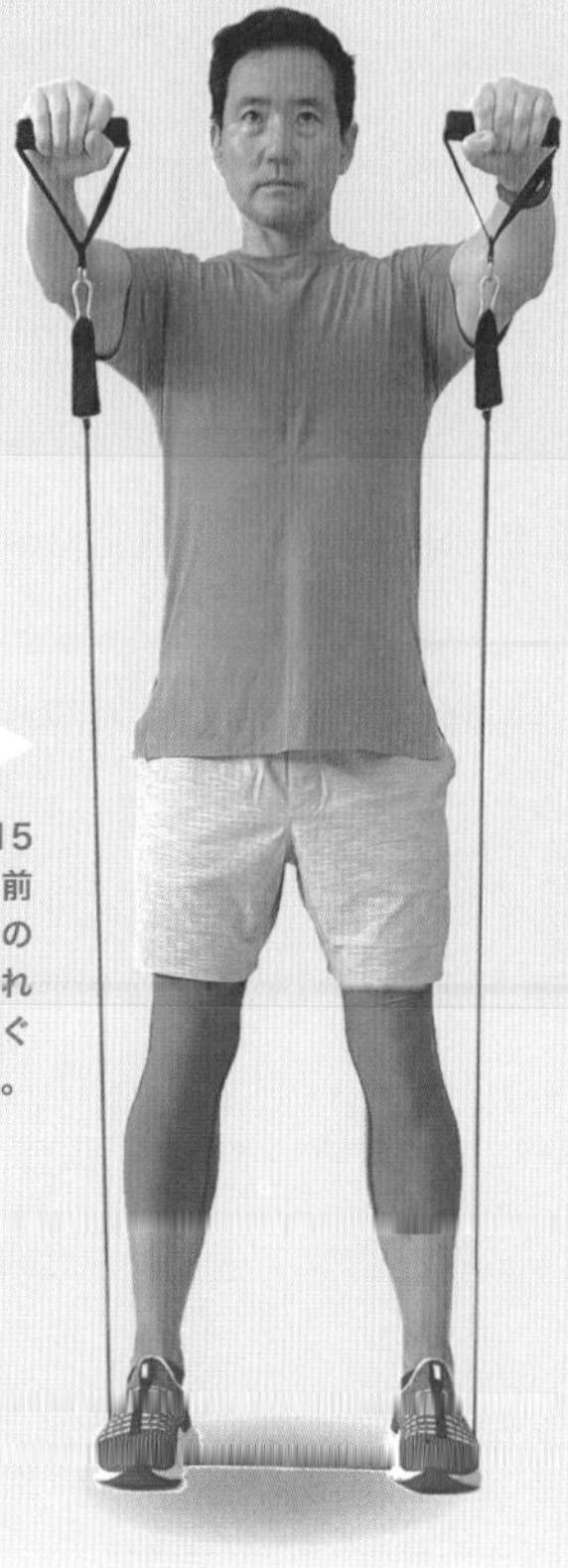

2

前：軽く肘を曲げた状態（15度）から両手を真っ直ぐ肩の前方へ引き上げていきます。その時に、重心は多少前後に引かれるので、体幹を使って真っ直ぐ直立状態を保持してください。

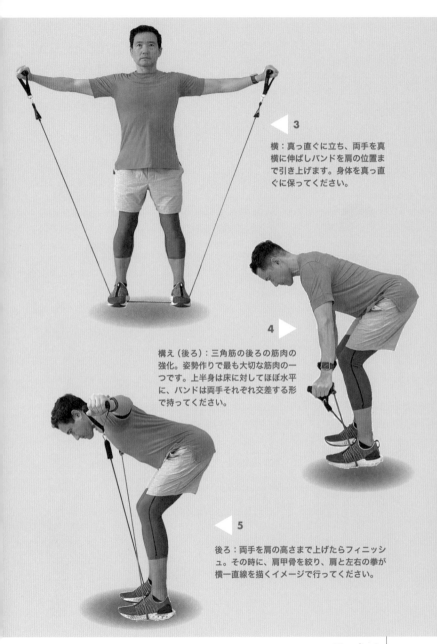

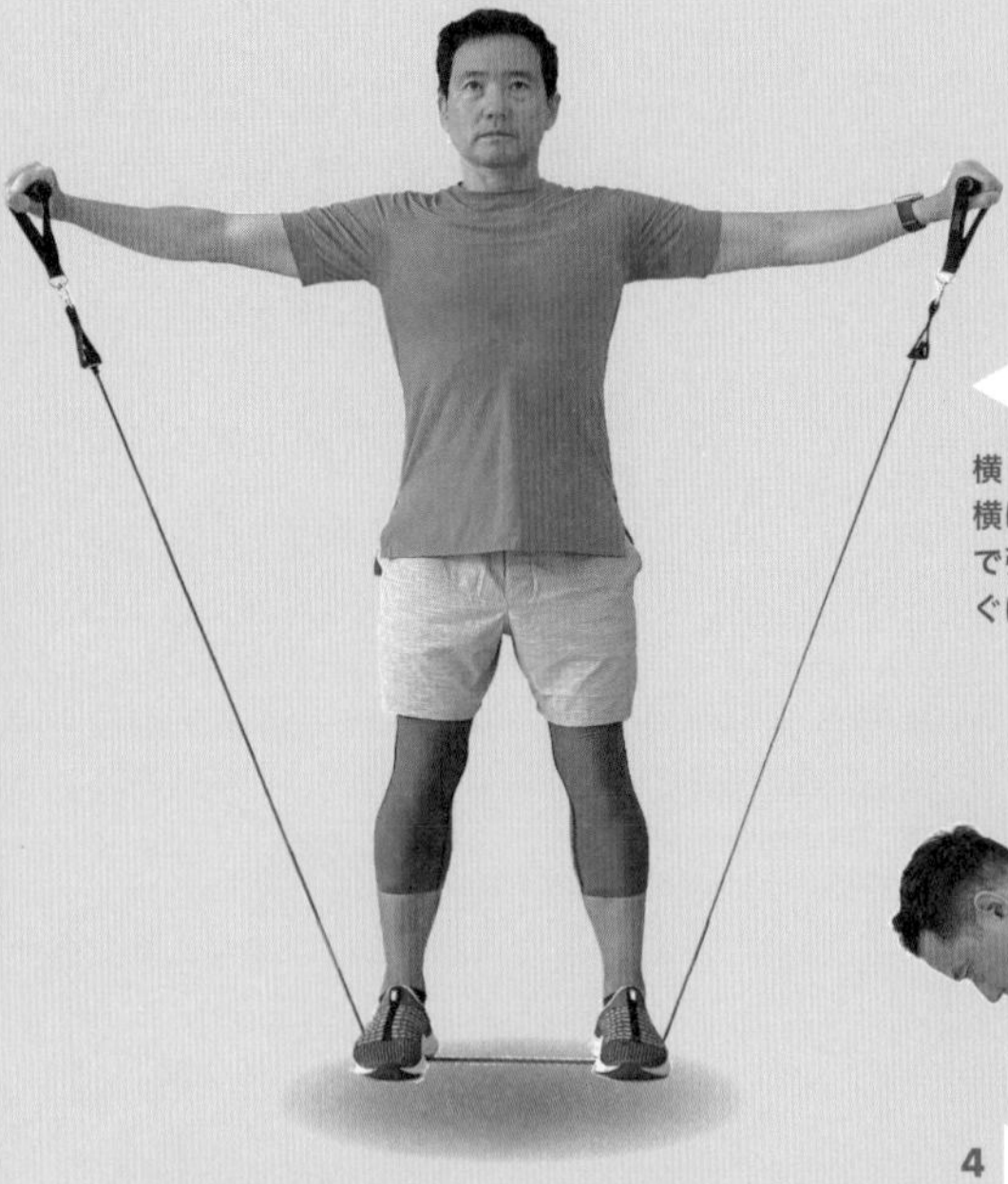

3

横：真っ直ぐに立ち、両手を真横に伸ばしバンドを肩の位置まで引き上げます。身体を真っ直ぐに保ってください。

4

構え（後ろ）：三角筋の後ろの筋肉の強化。姿勢作りで最も大切な筋肉の一つです。上半身は床に対してほぼ水平に、バンドは両手それぞれ交差する形で持ってください。

5

後ろ：両手を肩の高さまで上げたらフィニッシュ。その時に、肩甲骨を絞り、肩と左右の拳が横一直線を描くイメージで行ってください。

Physical Management Method 2

リカバリー

Recovery

Step 1

超回復でリカバリー力を高めよう

超回復のタイミング

トレーナーとしての道を歩み始めた当初、僕は鍛えれば鍛えるだけ選手のパフォーマンスはアップすると考えていました。そのために、かなりハードなトレーニングを選手達に課した時期もありました。しかし、身体を追い込んだ割には成果が現れなかったり、時には怪我を誘発したり、といった事態に直面したのです。

その原因を探究する中で、リカバリーの重要性を改めて悟ったのです。最新のスポーツ科学では、計画的なリカバリーによっていかに高レベルのパフォーマンスを引き出すか、という研究が進んでいます。

「正しく休養する」、これがリカバリーの基本概念です。スポーツトレーナーとして休む指導という発想が以前はありませんでした。しかし、今は理論として正しいだけでなく、現実の成果として実感しています。

スポーツ科学において、**最も効果的なリカバリー法は「超回復（スーパー・コンペンセーション）」**というものです。超回復とは、トレーニングを行った後に一定の休養期間を設けることで、より高いパフォーマンスを引き出す方法です。

筋トレを行うと負荷をかけた筋肉の筋繊維は損傷します。しかし適切な休息を取ることで筋肉は回復し、筋トレを行う以前より強い状態になるのです。そのタイミングを狙ってトレーニングを行うと、筋力はさらにアップします。これが「超回復」です。

超回復には3つの状態があります。

「ポジティブ・コンペンセーション」が理想の状態です。このタイミングでトレーニングを行えば、以前よりもさらに高いパフォーマンスを発揮することができます。

「ネガティブ・コンペンセーション」は、まだ筋繊維が回復していない状態です。この期間に無理にトレーニングを重ねてしまうと、パフォーマンスが伸びないだけでなく、怪我をする危険があります。

「ヌル・コンペンセーション」はトレーニングから次のトレーニングまでの間隔が長すぎる状態です。この場合、トレーニングを行っても以前の状態から再スタートしてしまうことになります。

121ページのAの図「ポジティブ・コンペンセーション」ではリカバリーを適切に行うことで、回を追う毎に身体レベルが上がり、グラフは正のスパイラルを描きます。

Bの図「ネガティブ・コンペンセーション」は回復前に新たにトレーニングを始めてしまった場合です。トレーニングを繰り返すことで、逆にパフォーマンスは徐々に下がっていきます。

Cの図「ヌル・コンペンセーション」では、インターバルが長すぎるせいで、トレーニング前の状態に戻ってしまい、身体は現状維持のままです。

トレーニングをどの程度の間隔で行うべきかを示したのが123ページの図です。

トレーニングを行った直後の青の部分は「ネガティブ・コンペンセーション」の状態です。トレーニングから48～72時間経た赤の「ポジティブ・コンペンセーション」

A｜ポジティブ・コンペンセーション

赤のラインのように、「超回復」状態でトレーニングを行えば、トレーニング前よりも筋量が増えます。このように超回復の原理を利用して、繰り返しトレーニングを行えば、筋肉は効率良く大きくなっていきます。

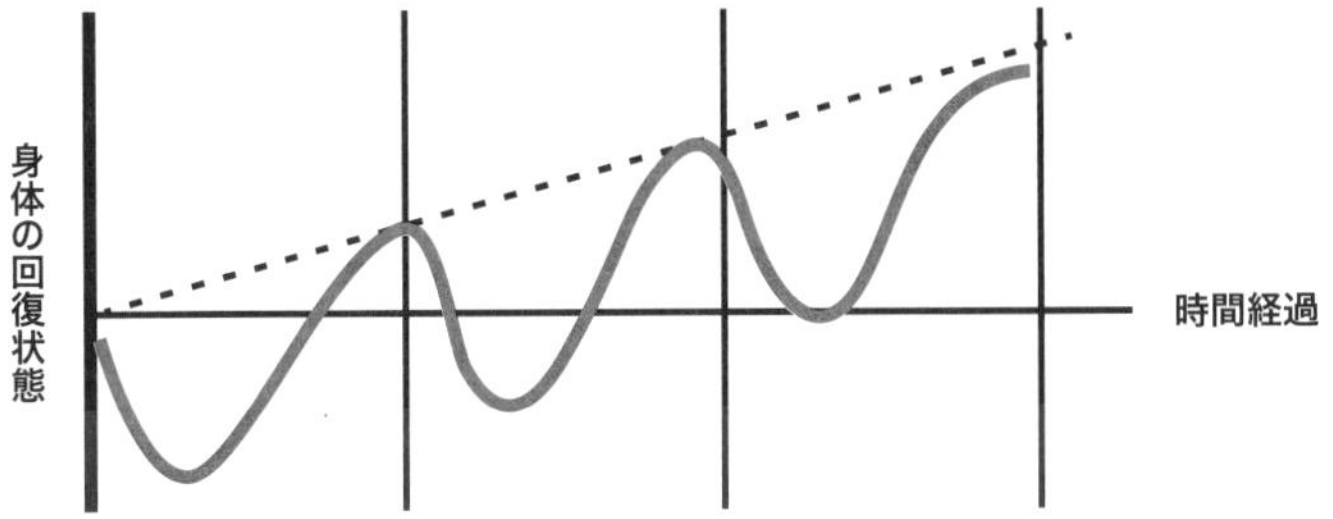

B｜ネガティブ・コンペンセーション

青のラインのように、筋肉の修復や超回復が起こる前に次のトレーニングを行うと、筋肉は再度破壊され、元々の筋量よりも少なくなっていきます。頑張ってトレーニングしているのに効果が出ない、という方に多いパターンです。

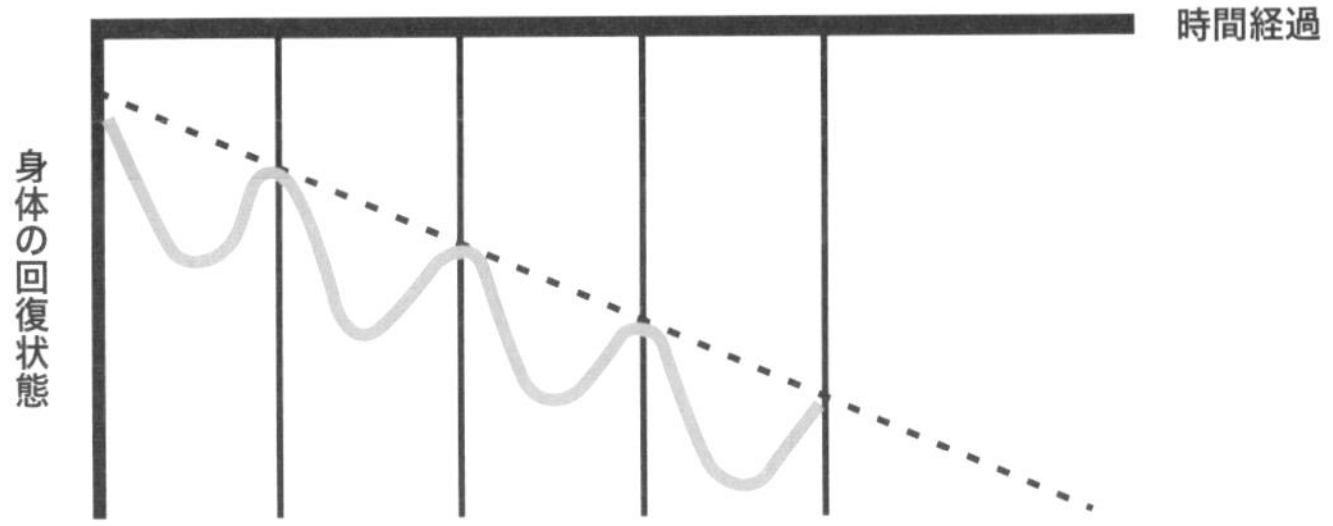

C｜ヌル・コンペンセーション（平行線、現状維持）

黄色のラインはリカバリーが長すぎて、超回復からのトレーニングのタイミングを逃すタイプです。多くの人々がこの部類に属します。

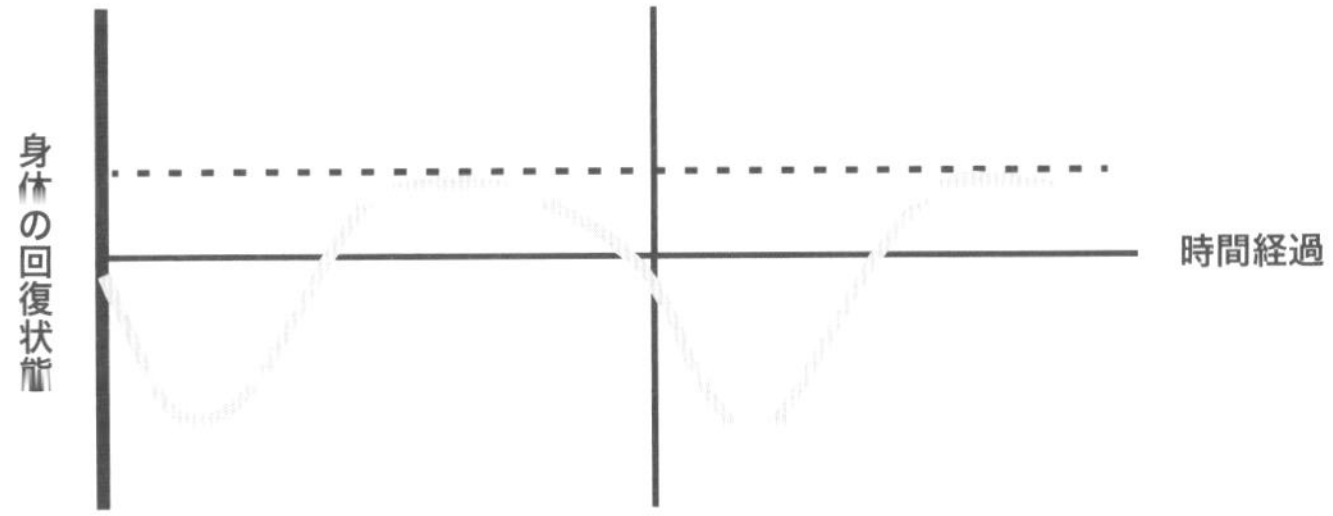

参考：Loran Vrielink“Learning and teaching strategies”

の状態が超回復に効果があるタイミングです。この最適なトレーニング期間を逃してしまうと、「ヌル・コンペンセーション」の状態に戻ってしまいます。

現在のプロスポーツ界では、この「超回復」をいかにトレーニングに組み込むかがトレンドになっています。

基本的には同じ部分のトレーニングを行う際には48~72時間空けるのがベストです。

ただしプロアスリートの場合、もっと精密に各自の「超回復」の最適サイクルを測ります。まず最大限の負荷をかけたトレーニングを重ね、どのくらいの期間でリカバリーできるのか、その選手の限界を見極めます。そこから、最適な回復期間が導き出されるのです。身体に最大限の負担をかけるトレーニングを体験することで、選手達もリカバリーの必要性を実感できるわけです。

僕が指導したアスリートの中で、シャラポワは特に「リカバリー」に注意していました。なぜなら、彼女は常に全力で練習に打ち込むので、オーバーワークになりがちなのです。実を言うと、彼女はアスリートの中でフィジカルが突出していたというわけではありません。決めたことは徹底して行うという意志の強さと、できないことは

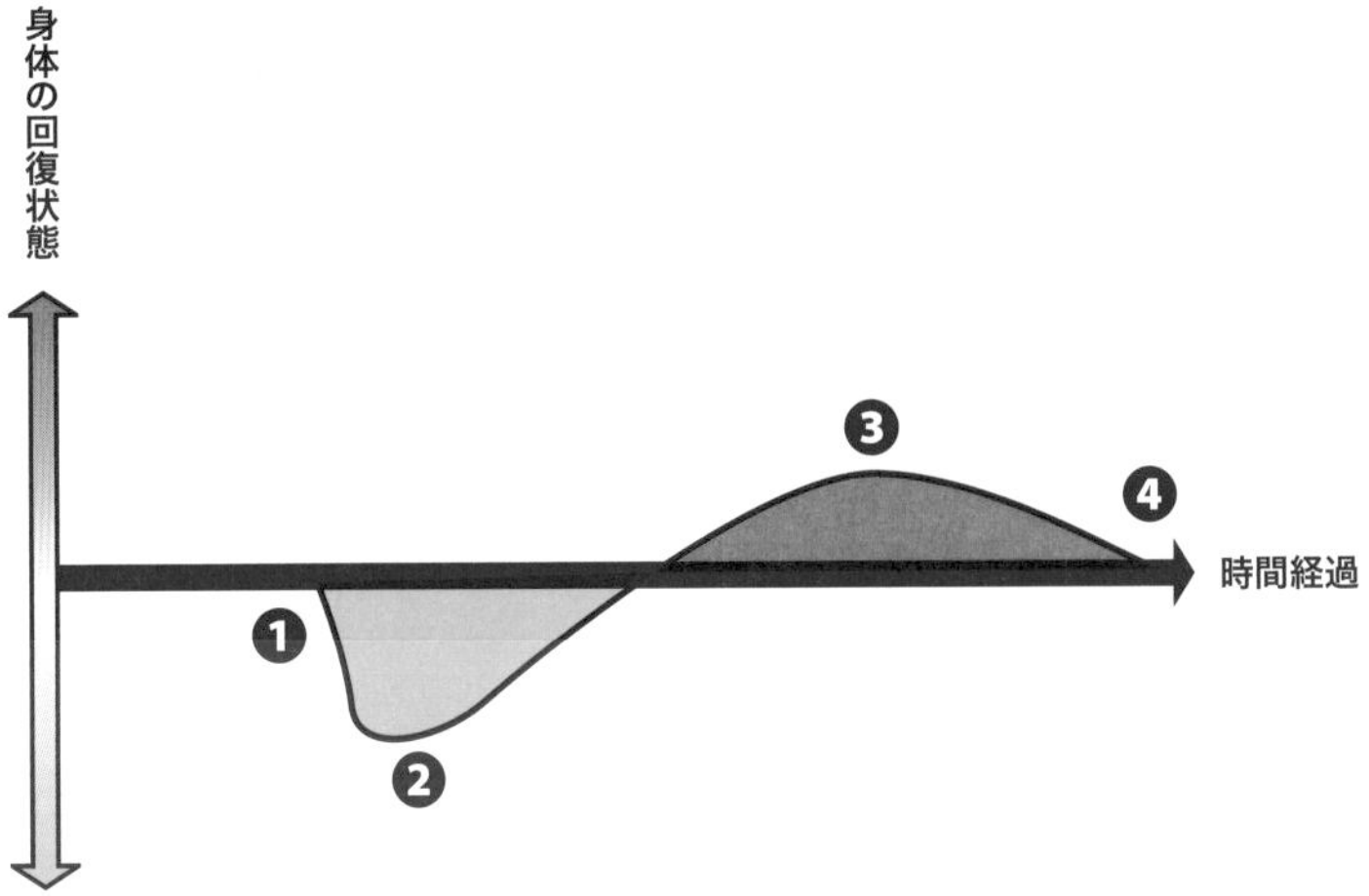

❶ トレーニングにより筋肉が損傷し始める

❷ リカバリー、疲労回復、筋肉の修復の段階（24時間〜48時間）

❸ 身体の生理学的な超回復の段階（48時間〜72時間）

❹ 平常時へ戻る、休息の取りすぎで超回復のタイミングを過ぎた段階

参考：https://adamvirgile.com

できるまで行う粘り強さが彼女をトップに押し上げた原動力です。常に身体を追い込んでいるので、体調を崩すことも多くありました。そのために、シャラポワに対しては、むしろトレーニングを控えさせるくらいの指導が必要だったのです。それほど自分の限界に挑んでいたプレーヤーでした。

男子テニスの場合グランドスラムは5セットマッチを闘います。フルセットの闘いになった場合の消耗度は想像を超えた世界です。日本のトッププロの一人である西岡良仁《にしおかよしひと》選手はこう言っています。

「一般にテニスをやられる方は通常1セットマッチしか経験がないでしょう。一度、真剣にシングルスを5セットやってみて欲しい。おそらく翌日は立ち上がることさえできないはずです」

究極の状態で競技に挑むトップアスリートにとって「リカバリー」は練習同様に非常に重要なものだということです。

自分の身体の状態を可視化する

リカバリーを行うに当たっては、自分の身体の状態を知ることが大切です。基本的には毎朝、自分の調子を確認できるように記録しておくのがベストです。

僕がＩＭＧアカデミーでジュニア選手の育成に携わっていた時には、生徒達に**朝の日課として記録用紙に体重、疲労の具合、睡眠時間と質、栄養の量と質などを記入させていました。**それをグラフにして貼り出すことで、各自が自分の状態を可視化できるわけです。さらに、その用紙を僕が確認して、気になる点があれば本人を呼んで身体の状態をチェックするのです。

ちなみにジュニア時代の錦織もこの日課はしっかり実践していました。アカデミーに来た頃の錦織はまさに育ち盛りで、日が昇ると同時にテニスコートに立って、日が暮れて見えなくなるまでボールを追い続けるといった毎日でした。少しでも動きたいという衝動を持つ若者に対し、僕は休養を取る大切さ、休日でも遊びたい気持ちを抑え身体を休める大切さをレクチャーしていました。錦織自身もリカバリーの重要性を理解していて、他の子ども達が休日であってもついコートに向かってしまう中、自制してしっかり休養を取っていたのです。彼が大成した一因に、10代の頃から身体をリカバリーする習慣ができていたことがあるのではないでしょうか。

Step 2

身体と心を整える睡眠&入浴法

自律神経とリカバリーの関係

身体を司る神経には大きく分けて、自律神経と体性神経の2つがあります。自律神経とは無意識に動く神経で、内臓をマネジメントします。体性神経は意識的に動く神経で、知覚や運動をコントロールします。自律神経をコントロールすることによって、身体をリカバリーできます。

自律神経は、アクティブ時に働く交感神経と、リラックス時に優位になる副交感神経に分かれます。**端的に言ってしまうと交感神経はアクセル、副交感神経はブレーキのようなものです。**

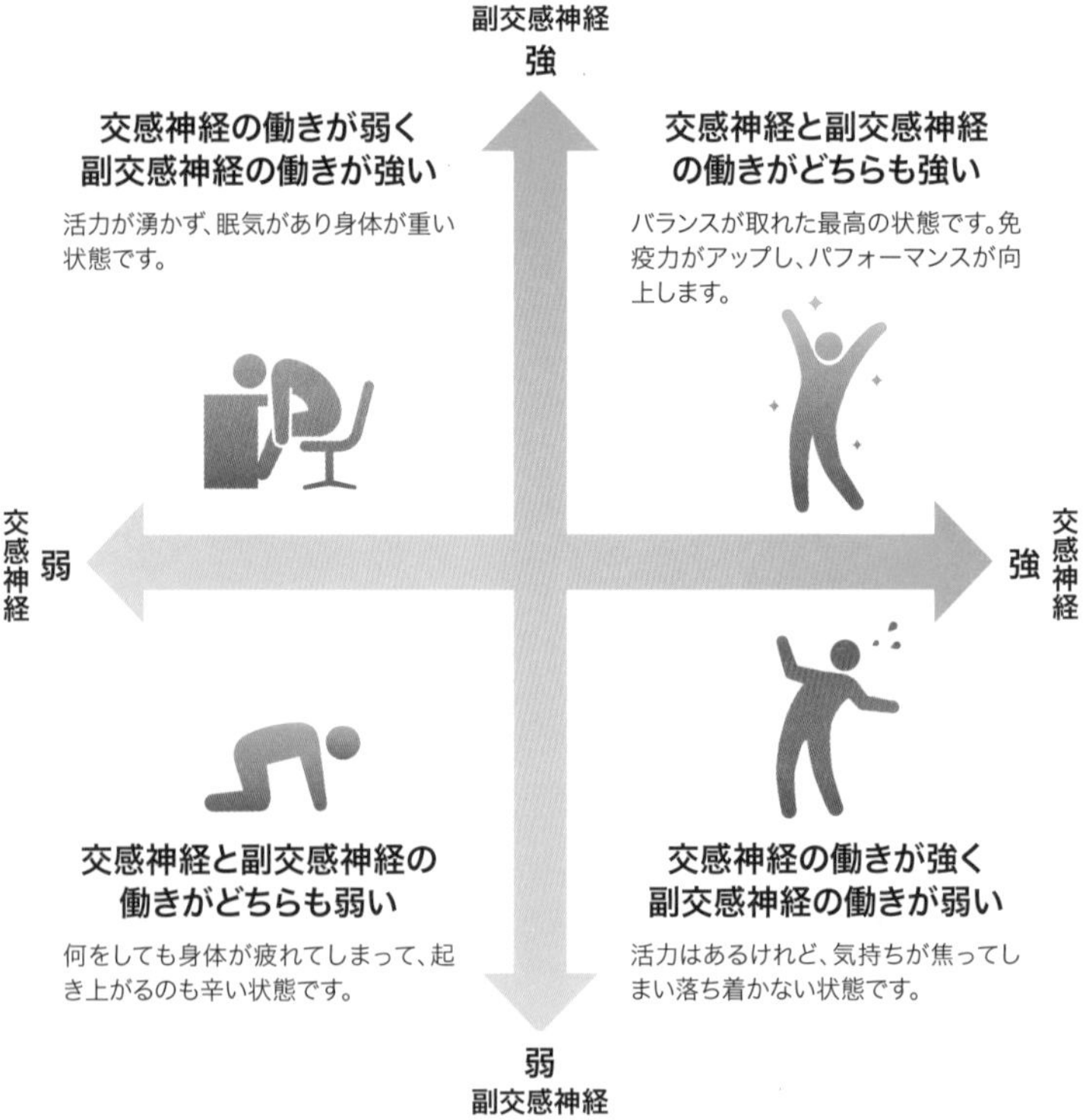
副交感神経
強
交感神経の働きが弱く
副交感神経の働きが強い
活力が湧かず、眠気があり身体が重い状態です。
交感神経と副交感神経
の働きがどちらも強い
バランスが取れた最高の状態です。免疫力がアップし、パフォーマンスが向上します。
交感神経
弱
強
交感神経
交感神経と副交感神経の
働きがどちらも弱い
何をしても身体が疲れてしまって、起き上がるのも辛い状態です。
交感神経の働きが強く
副交感神経の働きが弱い
活力はあるけれど、気持ちが焦ってしまい落ち着かない状態です。
弱
副交感神経

参考：くすりと健康の情報局（第一三共ヘルスケア）

128ページの図のように交感神経と副交感神経の働きがどちらも強いと右上の「最高の状態」となり、免疫力がアップし、老化を抑え、パフォーマンスが向上します。休養が足りないと交感神経が弱まり、身体が重くなり睡眠を欲するようになります。ストレスなどでリラックスできないと副交感神経が弱まり、精神的に不安定になります。両方共が弱まったところで疲労感はピークに達します。

自律神経を整えるには睡眠が非常に有効です。

睡眠は最高のリカバリー法

睡眠はリカバリーの中でも特に重要な要素です。大谷翔平選手は睡眠を最優先するため、ニューヨーク遠征の際でさえ一度も街に出たことがないそうです。

睡眠はアスリートにとってだけでなく、一般の方にとってももちろん重要です。睡眠不足に陥ると身体に疲れが残るだけでなく、様々な生活習慣病の原因となります。

食欲を抑制するレプチン物質が低下するため肥満になりやすく、インスリンの分泌が悪化することで糖尿病に、また副交感神経が緊張状態になるために高血圧になったり、認知症のリスクが高まったりします。

1953年、シカゴ大学のユージン・アセリンスキーとナサニエル・クレイトマンによって、睡眠にはレムとノンレムという状態があることが発見されました。

「レム睡眠」とは眠りが浅い状態で、脳はまだ活動していて、この睡眠時に夢を見ます。レム睡眠中に脳は日中に得た情報を統合し、処理しています。この情報は脳の長期記憶に保存されます。また**レム睡眠では仕事のパフォーマンスを向上させる、精神の集中力と生活の質を高める調節も行われます。**

「ノンレム睡眠」は脳も身体も完全に眠っている状態です。この間に**成長ホルモンが分泌され、身体の各組織、筋肉、骨の修復が行われます。**

眠りに落ちると前半に「ノンレム睡眠」、後半に「レム睡眠」、これがおおよそ90分サイクルで繰り返されます。睡眠の質を上げるには、この90分サイクルに応じて睡眠を取ることが重要です。ノンレム睡眠は131ページの図のように、さらに4段階に

一晩の睡眠経過

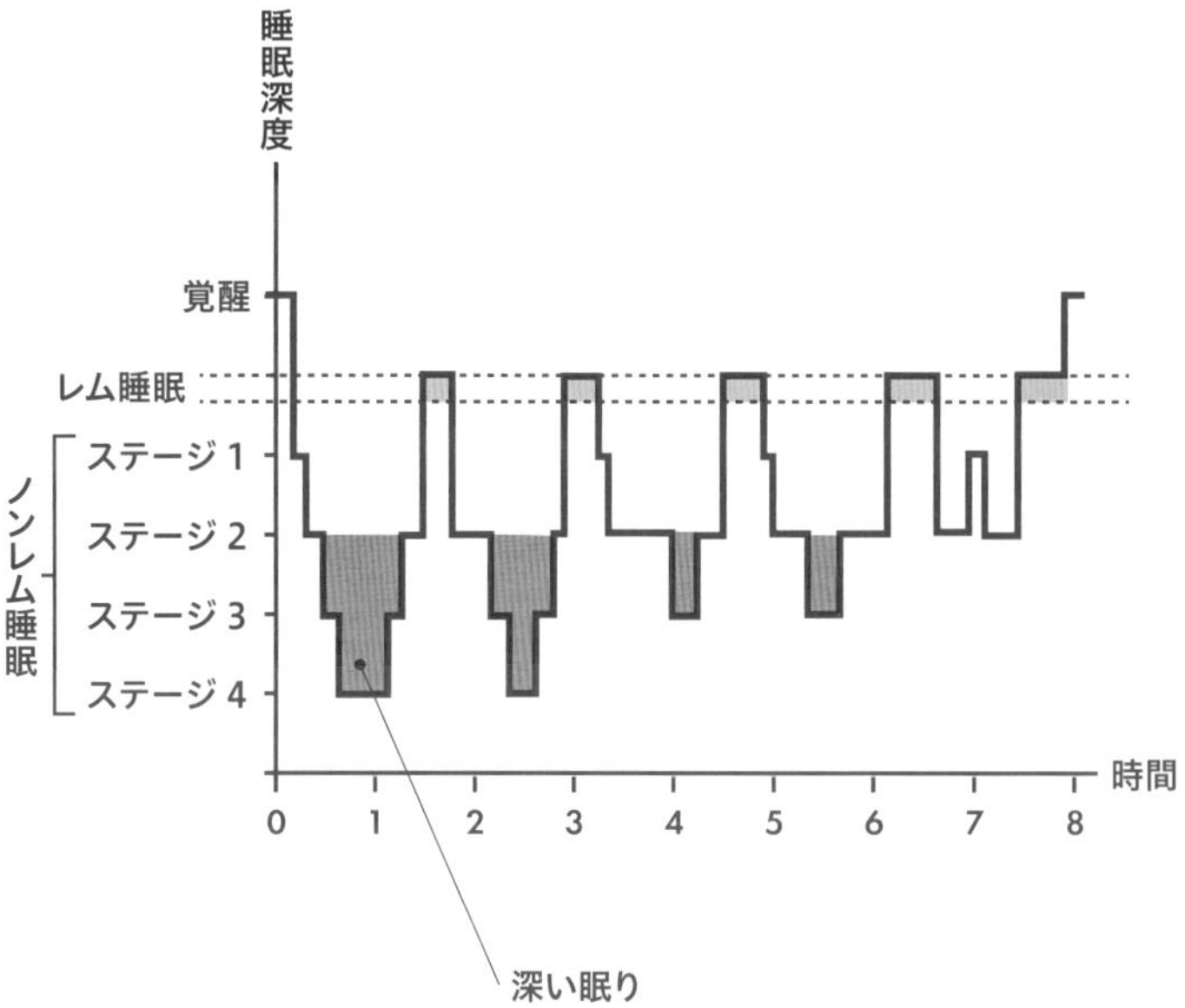

出典：古賀良彦「睡眠と脳の科学」祥伝社新書

分かれます（3段階であるという説も最近発表されているようです）。

睡眠中にはテストステロンという身体を修復するホルモンが分泌されます。テストステロンは男性では精巣と副腎で作られ、女性では卵巣、脂肪、副腎で作られます。骨、筋肉、性機能、血管の若返りに効果があり、活力旺盛になります。テストステロンが少ないと集中力が失われ、精神的なバランスを崩し、鬱との相関関係も認められています。また老化を早めることにもつながります。

テストステロンは超回復にも有効で、ノンレム睡眠時のステージ3、4の状態で作用します。この時にいかに深い眠りを維持できるかが、身心のリカバリーを左右します。

テストステロンが分泌されるのは睡眠の最初の3時間だと言われています。つまり眠りに入ってから2サイクル目までがポイントです。そのため、**就寝直後に質の高い睡眠状態をキープすることが肝要になります。**

質の高い睡眠を得るには、作業、考え事など交感神経を刺激する行為を行ってはいけません。寝室の環境も灯りは消し（朝の光は入るようにする）音は遮断し（特に人の声）、朝まで適温を保つことです。

目覚めるのはレム睡眠中であることがベストです。ノンレム睡眠とレム睡眠のサイクルは90分なので、その20分前、後半のレム睡眠が始まったくらいのタイミングで目覚めるようにアラームをセットするのが良いでしょう。例えば90分×5サイクルから20分をマイナスして430分（7時間10分）といった感じです。

全てにおいてシステマチックな選手だったシャラポワは睡眠についても計画的でした。翌日の試合や練習時間に合わせて、就寝時間と起床時間を考え、的確に睡眠を取るのです。プロの中には身体が丈夫だからと、さほど睡眠にこだわらない選手もいます。試合の前日も夜中まで遊んでいるような選手もいまだに存在します。けれども継続してランキング上位にいて、一定レベルのパフォーマンスを発揮し続けられる選手は必ず節制をしています。そして彼らは一様に睡眠を非常に大事に考えています。トップ選手は例外なく1日に8～10時間の睡眠時間を確保しています。

日々のスケジュールが安定している選手は、成績も安定してくるものです。**できるだけ同じ時間に寝て同じ時間に起きることが心と身体の安静につながるのです。**

睡眠については、昼寝も非常に効果的です。日本のビジネスパーソンの方々は仕事中に昼寝の時間を取るのは難しいと思いますが、**昼食の後に20分ほどノンレム睡眠状態を実践することで、身体は修復され脳もリフレッシュします。**

ちなみに多くのアスリートは、リカバリーの一環として練習後に昼寝を取っていま す。

眠りに落ちなくても、**目を閉じて視覚情報を遮断するだけで脳を休めることができます。**昼寝が難しい方は、1日の中で全ての情報をシャットアウトする時間をぜひ作ってみてください。

スマートウォッチを用いれば自分の睡眠時間や質も管理できます。ちなみに僕はWHOOPという健康状態を常時チェックできるスマートウォッチ型のウエアラブルデバイスを使っているのですが、腕の動きや脈拍などで、睡眠が始まった時間を計測してくれて、睡眠中の状態も把握してくれます。

安静時心拍数と呼吸の深さ、1分間当たりの呼吸の回数で睡眠の質も数値化してくれ、心拍数のバラツキなどから、休息状態と活動状態のバランスも評価してくれるのでなかなか便利です。実際に使っているアスリートも多いようです。

睡眠の質を高めるには入浴も効果的です。**眠りにつく90分前に15分ほどの入浴がベストです。**

寝る前にお風呂に入ってまず体温を高めて、体温が下がり始めた頃に眠りに入ると睡眠の質が高まると言われています。

睡眠に良い効果をもたらす生活習慣をまとめてみたので参考にしてください。

① 早朝に体内時計をリセットする意味で太陽光線を浴びる

② 家から出る時間を作り、外気を吸いゆっくり深呼吸する

③ 毎日しっかりと運動して、身体に刺激を与える

④ 寝室を暗くして、音のない状態を保つ

⑤ 脳をできるだけ休める。思考を無の状態にするためスマホを控える

⑥ 入浴時の湯温は熱すぎない40度程度が理想

プロのリカバリー法、アイスバスにチャレンジ

入浴は睡眠に作用するだけでなく、それ自体にリカバリー効果がありますが、さらにアスリート達はアイスバス（氷風呂）を効果的に用いています。多くの試合会場にはアイスバスのスペースが用意されています。会場にない場合はホテルのバスルームで代用します。

アイスバスによって体温を下げることで血管が収縮し、身体の中心から手足の先へと血行が促進され、筋肉の腫れや炎症を抑制します。また温浴と交互に行えば、より血行がスムーズになり、酸素と栄養を身体中に届け、老廃物や二酸化炭素を運ぶことで身体の回復が早まります。

一般のご家庭のお風呂でも可能なので、スポーツやトレーニングの後にぜひ活用してみてください。アイスバスの適温は10〜15度、入浴時間は激しいスポーツを行うアスリートであれば15分程度が最も効果的と言われていますが、一般の方は5分程度で

かまいません。

アスリートの場合、腰から下の半身浴が中心で、股関節が浸かるように入ります。炎症がある場合は、該当する肘、肩、手首も浸かるようにします。

アイスバスに入ったばかりの状態では身体がショックを受け、呼吸は浅く速くなり始めるはずです。しかし、温度に慣れて落ち着いてきたら、ゆっくりと深い呼吸を行いましょう。肺に思い切り酸素を取り込み、身体中にそれを行き渡らせるというイメージです。呼吸のリズムは一定に保つことが肝心です。7秒間息を吸って、2秒間息を止め、その後7秒かけて息をゆっくり吐きます。

アイスバスの冷たさに耐えるコツは、肘の裏側や膝の裏側を手で覆うことです。皮膚が薄く敏感なので、その部分をカバーすれば冷たさを感じにくくなります。

皆さんがご自宅で行う場合、半身浴が難しければ、ふくらはぎまでだけでも効果があります。

アイスバスから出たら、温水のシャワーを軽く浴びます。

Step 3

世界最強のメンタルの整え方

メンタルタフネスがスポーツ界を変えた

スポーツ界においてメンタルの重要性は最近特に注目されていますが、**メンタルを整えることは「リカバリー」のために非常に重要な要素です。**

僕自身のメンタルリカバリーの原点は、スポーツ心理学者であるジム・レーヤーが書いた『メンタル・タフネス：勝つためのスポーツ科学』（邦訳／CCCメディアハウス）という本に出会ったことです。その内容は、当時中学生だった僕にとって衝撃的でした。レーヤー博士によると、メンタルを鍛えることは練習やトレーニングに匹敵するくらい重要で、勝利に直結するというのです。

その頃、テニス界ではマルチナ・ナブラチロワやレンドルといった共産圏の選手達が、スポーツ心理学を学びメンタル強化に力を入れ始めた時期でした。

そしてナブラチロワやレンドルが、鉄壁のメンタルを武器に世界ナンバーワンに登り詰めたことで、その有効性が広く知られるようになったのです。

このメンタルトレーニングの先駆者がジム・レーヤー博士だったわけです。今でこそスポーツにおいてメンタルの重要性は当たり前に語られていますが、当時は画期的な思考法でした。

レーヤー博士はメンタルの強化を科学的に分析し、そのための具体的な方法を提示してくれたのです。

テニスはインターバルの長い競技で、ポイント間に時間があり2ゲーム毎に休憩時間も取られます。様々な雑念が浮かんでしまうその時間に、メンタルを平静に保つには実際に何をすればいいのか。

レーヤー博士はまず目線に注目しました。ポイント間にラケットのガットを見つめて指で隙間を整えることで目線を集中させるのです。すると気持ちが落ち着き、マイナスの思考回路も解消できるというのです。

また彼はルーティンの重要性にもいち早く気づいていました。サーブの前にコートにボールをつく回数を決めておいて、その間にメンタルを整えるとか、ポイント間には必ずタオルで汗をぬぐうとか、**決まったルーティンを行うことで集中力を持続させるというわけです。**

さらに、ポジティブシンキングについても提唱しています。**ミスがあっても次のプレーに入る前にマイナスイメージを払拭すべきだ、自分が打った最高のボールを頭に描きなさい、**といった提言を行ったのです。

それまでは「集中しろ」と声をかけはしても、ポイント間に具体的に何をすべきかアドバイスできるコーチは皆無でした。

その後、スポーツ生理学が進化して、レーヤー博士が提言するメンタルタフネスと運動生理学が融合して、現在のメンタルリカバリーという考え方に至っています。

レーヤー博士はスポーツ界で得た知識や経験を、ビジネス界にまで浸透させていきました。彼の名はアメリカではスポーツ界のみならずビジネスパーソンにも広く知られていて、その理論は多くの企業のトップ達に影響を与えています。

僕がフロリダに渡米した1年目、幸運にもレーヤー博士がハリーホップマン・テニスアカデミーに在籍していたので、直接指導を受けることができました。自分のバイブルの著者に実際に会えた際は、感激もひとしおでした。

その時のちょっとしたエピソードがあります。

当時レーヤー博士が指導していたピート・サンプラス、アンドレ・アガシ、ジムクーリエといった若手選手が、一気にテニス界のトップに駆け上がっていったのです。そのためアカデミー内でもレーヤー博士はカリスマ的な存在で、生徒達はみな彼のことを崇拝していました。

ある日、レーヤー博士自身もテニスをプレーするという話を耳にしました。レベルはそこそこだが競争心は人一倍だという噂です。そこで僕達も勉強のため一度彼のプレーを見ておこうと、週末に生徒達で練習を覗きに行ったのです。

レーヤー博士は、試合中にいかに感情をコントロールするか、そのためのラケットの持ち方、リラックスする姿勢、ルーティン化といったことを細かく指導してくれていました。

僕達はそういった講義を受けていたので、彼自身はプレー中にどれだけ凄いメンタルコントロールを実践しているのだろう、と興味津々だったわけです。

レーヤー博士がいるコートを見つけた僕達は、練習の妨げにならないようにひっそりと見学していました。

一通りの練習が終わり試合が始まりました。すると数分もたたないうちに1人のプレーヤーが、怒りのあまりラケットを放り投げたのです。なんと、そのプレーヤーはレーヤー博士でした。それを見て僕達は大笑いしてしまいました。


ラケットを投げることは日本人の感覚からするとあまり理解できないでしょうが、テニスプレーヤーにとってはフラストレーション解放の一つの方法となっています。大坂なおみは試合中によくラケットを投げることがあり、日本ではネガティブに報じられる場合もありました。実は僕はなおみに「なぜラケットを投げるの?」と尋ねたことがあります。彼女は、「悪い気を放り投げるためなのよ」と答えました。ラケットを投げることでネガティブな気分を断ち切ってしまうという考え方です。

ちなみにウィンブルドンでの優勝経験を持ち、ノバク・ジョコビッチのコーチも務めていたゴラン・イワニセビッチは、試合中にラケットを次々にへし折ってしまい、ついに使えるラケットがなくなって失格になった、なんてこともありました。

トップアスリートに学ぶメンタルの整え方

僕が指導した選手の中で特にメンタルタフネスを誇っていたのは、間違いなくマリア・シャラポワでしょう。シャラポワのメンタルの強さは、女子テニス界でも突出していました。彼女は、どんな状況においても負のイメージを描くことなく、感情をコントロールして冷静に試合を進めます。その姿が相手に強烈なプレッシャーを与えるのです。

彼女の頭の中は常に整理されていて、自分の現状、求めていること、足りないものが明確になっていたのです。シャラポワの凄いところは、何かを行う場合にまず人に尋ねるということから始める姿勢です。周囲にもイエスマンを揃えるのでなく、自分が強くなるために、向上するために必要なことを厳しく意見してくれるスタッフを求め続けたのです。

彼女は勝負に対して常にポジティブですが、全ての試合に勝てると思っていたわけではありません。**勝ち負けは自分だけでコントロールできることではない、だから、自分ができることに対しては最善を尽くす。**この考えがマリア・シャラポワを偉大なプレーヤーに仕立てたのだと思います。

シャラポワは滅多にメンタルの揺らぎを見せませんが、稀にナーバスになることもあります。そんな時、僕がメンタルをコントロールしてみたことがあります。

ドイツ、シュツットガルトのクレーコートシーズン開幕戦でのことです。シャラポワが住んでいたロサンジェルスからドイツまでの移動は時間もかかるし、時差もかなりあります。

初戦の朝、チームでの朝食の最中、僕はいつものように顔つきや言動から、彼女の体調をチェックしていました。明らかに睡眠不足の様子でしたが、シャラポワは「疲れている」などとはけっして口にしません。

その大会で、調子が悪いながらも彼女は勝ち進み、なんとか決勝戦にまで駒を進めることができました。

決戦の日、僕は外から見えるようにカバンの中にシャンパンを入れて試合前の練習に臨みました。彼女は練習前にカバンを覗き込み、「これ何？」と尋ねてきたのです。そこで僕は「試合後のシャンパンファイト用だよ」とすまして答えました。

「それはプレッシャーになるわね」それまでの硬かったシャラポワの表情に笑顔が戻りました。その適度なプレッシャーは、身心共に疲れ果てていた彼女の気持ちをリラックスさせ、メンタルを向上させたのです。

結局、シャラポワはその大会で優勝し、僕達は無事シャンパンファイトを楽しむことができたというわけです。


さて、僕がテニス界で最も強いメンタルを持っている選手を1人挙げるとしたら……それはロジャー・フェデラーです。テニス界でのメンタルタフネスとして皆さんがイメージするのはおそらくジョコビッチではないでしょうか。

フェデラーの練習動画をご覧になった方なら気づくと思いますが、意外にミスも多くしています。色々な球種を試して飽きないように練習しているからです。機械的な練習をせず、ストレスをかけずにテニスを楽しむことができる、それが彼のメンタル

[illegible]トガルの大会後、無事シャンパンファイトを楽しんだ
シャラポワと筆者

の安定の源泉なのだと思います。

彼の周りは笑顔が絶えず、常にリラックスした雰囲気が漂います。その居心地の良さが心の平穏を保つのです。ストレスを溜めずにリラックスする、それこそが究極のメンタルタフネスではないでしょうか。

錦織のコーチも務めている元トッププレーヤーのマイケル・チャンは、「自分が現役の頃の試合会場のロッカールームは、常に張り詰めた緊張感があった。それに比べて今の選手達はとてもリラックスしている。その雰囲気は、おそらくフェデラーがもたらしたものだろう」と述べています。

僕はインディアンウェルズで行われたエキシビションマッチで、面白い光景を目撃したことがあります。新旧の王者のダブルス対戦という企画で、サンプラスとフェデラーが組んで、アガシ・ナダルペアと対戦したのです。最初の頃は和やかな雰囲気だったのですが、冗談でボールをぶつけ合ったりする中で、次第にサンプラスとアガシが本気モードに入ってしまい険悪な雰囲気になってきたのです。この2人は現役時代からライバル意識が高く、会場ですれ違っても視線も合わせないような関係でした。

一方フェデラーとナダルはそれを横目に、自分達は和やかにマイペースでプレーを続けたのです。

結局はフェデラーもシャラポワもメンタルタフネスのベースは同じなのだと思います。いかにストレスを軽減させるか。それは**他人を意識するのでなく、常に自らが主体となって自分のペースで行動する、**ということに尽きるのではないでしょうか。

たった1分で心と身体を整える方法

身心を整えるのに、どこでも簡単に行える方法として「メディテーション（瞑想）」はとてもお勧めです。

1日1分でかまわないので、メディテーションの時間を作ってみてください。

やり方は簡単です。静かな場所にリラックスして座り、目を閉じてゆっくりと呼吸します。できれば**いつも同じ場所、同じ時間に行うと精神的な落ち着きを得られます。**

メディテーションを始めた当初は、頭の中に様々な雑念が浮かんでくるはずです。そこで、呼吸に意識を集中させるのです。**鼻呼吸がお勧めで、7秒吸って2秒止める、あるいは2秒吸って4秒吐く、などのリズムを作ることです。**鼻呼吸は吸い込む空気に適度な温度、湿度を与え、空気中の微細なゴミや細菌を鼻腔内でカットしてくれます。また、鼻の奥は脳の底部と接しているため、脳の過熱を防ぐ役割もあります。

メディテーションを続けるうちに、次第に無の状態を長くキープできるようになるはずです。無の状態が一瞬でも体験できれば成功です。まずは習慣化することが大事です。**毎日繰り返すことで、驚くほどメンタルケアに効果があります。**ルーティンの確立が人間の精神を安定させるのです。

僕自身も毎朝決まった時間に読経することで、メディテーションを行っています。

メディテーションに限らず、人間には頭を空にする時間が必要です。1日の中に必ずスマートフォンやテレビ等の情報を入れない完全にオフの時間を作ってください。

Step 4 トップアスリートのリカバリーストレッチ

運動時のリカバリー法として、また身体の柔軟性と健康を保つ方法として、ストレッチの効能が注目されています。中でも**筋膜を整えるストレッチは、リカバリーとして最適の方法です。**

それでは、筋膜とはどの部分でしょう？　鶏の胸肉で説明すると分かりやすいと思いますが、皮と身の間にある薄く白い膜、これが筋膜です。

筋膜は「第二の骨格」と言われ、頭のてっぺんから手足の先までをネット状に覆っています。人間の身体だと皮下脂肪と筋肉の間にあり、筋肉、内臓、血管、神経などを包み支え、体内組織を正しい場所に保つことに役立っています。

姿勢の悪さや怪我などで筋膜が縮み、ねじれると身体にも歪みが生じます。その歪みからコリ、痛み、血行障害、脂肪過多といった状態につながります。特に運動後の疲弊した身体を回復させるためには筋膜を整える必要があります。

それでは、トップアスリートも取り入れている特別なストレッチ法をご紹介します。フォームローラー（153ページの写真で背中を支えている器具）を用いて行います。フォームローラーを活用すると、より有効なストレッチを行うことができます。安いものであれば1000円程度で購入できるので、ぜひ試していただきたいのですが、とりあえずはバスタオルでも代用できます。バスタオルの長辺を半分に折って、グルグルと巻いて筒状にしてください。ストレッチの途中でほぐれないように、紐などで結んでおくと良いでしょう。

各ストレッチは10回ぐらいを目安に、自分の身体がほぐれたと感じる程度の回数行ってください。

リカバリーのための

ストレッチ①

上半身の伸展

上半身の伸展は日頃行わないので、必ず取り組んで欲しいストレッチです。体幹を強くするためには上半身の柔軟性を高め、可動域を広くする必要があります。

1

お尻を床につけ、フォームローラーを肩甲骨の下、背中の真ん中に置きます。

2

腕を天井の方へ真っ直ぐに伸ばします。鼻呼吸で息を大きく吸います。

3

ゆっくりと息を吐いたまま、伸ばした両腕を床の方へ下ろしていきます。この時、お尻は床から離れないようにしましょう。

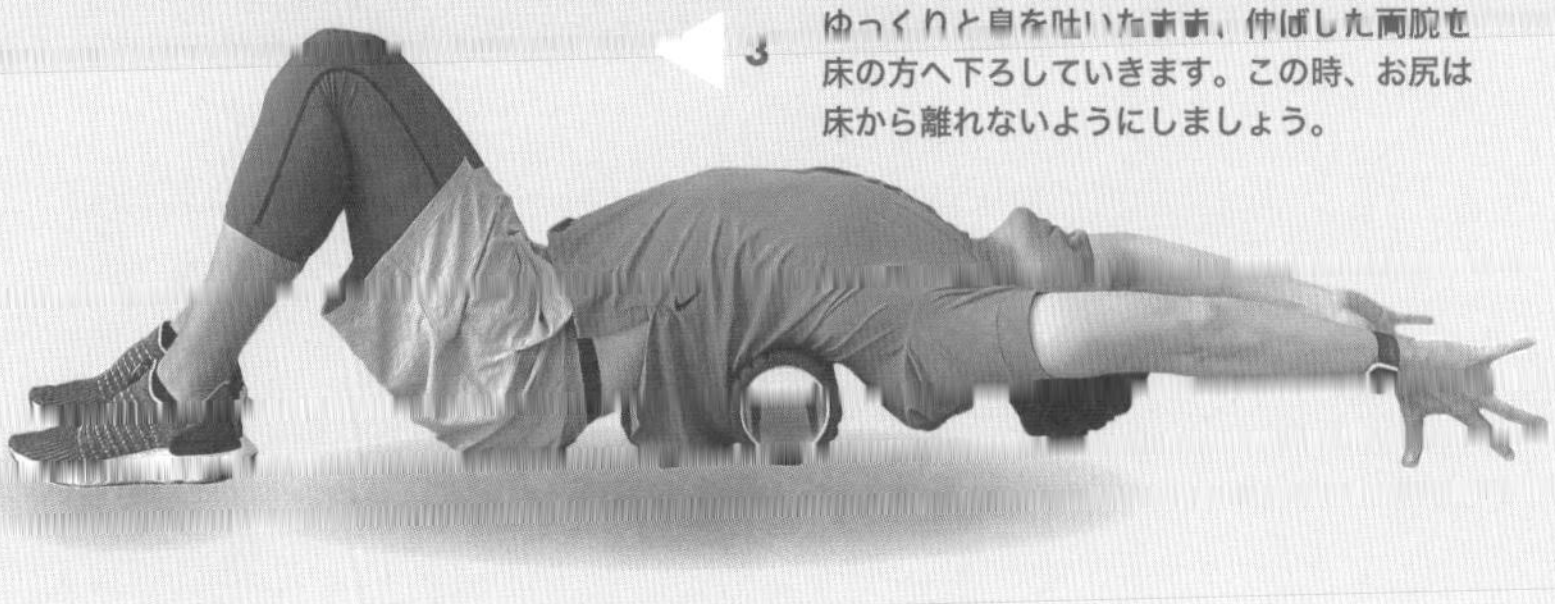

上半身の伸展を行った後は、回旋運動へ移ります。回旋運動を行うことで、下半身を安定させ、体幹のブレを矯正します。

リカバリーのための

ストレッチ②

上半身の回旋

1

1、2：お尻をしっかり床につけて、両肘を曲げ、指先を頭の後ろに置いて、左右へゆっくり回旋させていきます。左右の歪みや硬さを矯正するイメージで行ってください。

2

3

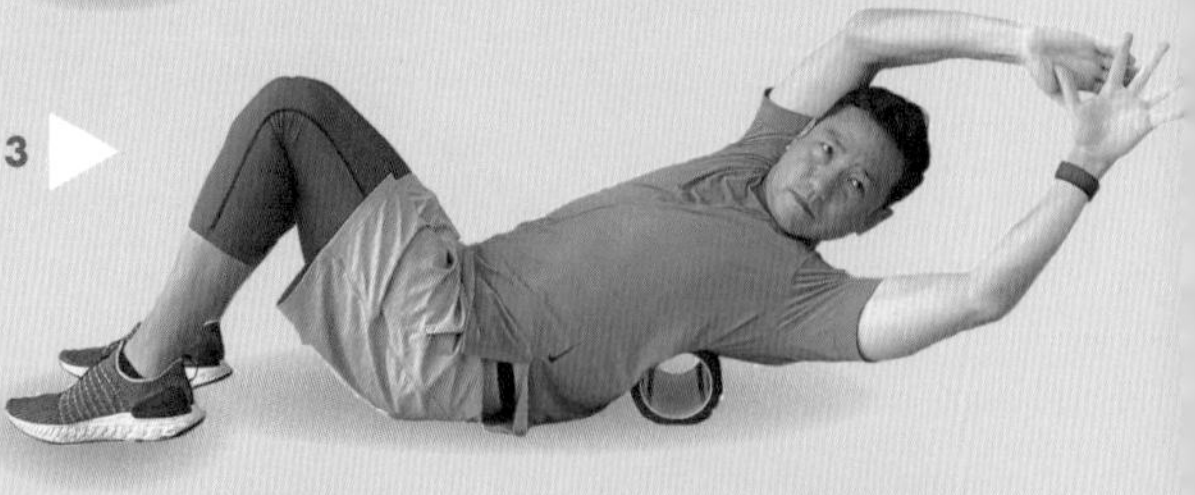

3、4：両腕を伸ばし、左右に回旋させてください。この場合、1、2と比べると可動域は狭まりますが、この場合も左右の動き具合をチェックしながら行ってください。

4

リカバリーのための

ストレッチ③

上半身の側屈・回旋

肩痛、もしくは腰痛を慢性的に持つ方には最適なストレッチです。アスリートも一般の方も投げる動作などを繰り返すことで歪みが生まれます。このストレッチを行うことで、左右の可動域の違いを実感されるかもしれません。硬い方を回数を多く、ゆっくり行ってください。

1

横になり、下半身を固定するために股関節、膝関節はそれぞれ90度に保ちます。腰と左腕は床につけて、フォームローラーを肋骨の真下に置きます。

2

1のポジションから右腕を真っ直ぐ上に伸ばします。そして、息をゆっくり吸います。

3

ゆっくりと息を吐きながら、フォームローラーを動かさずに側屈させ、指先が床に触るぐらいまで下ろしていきます。

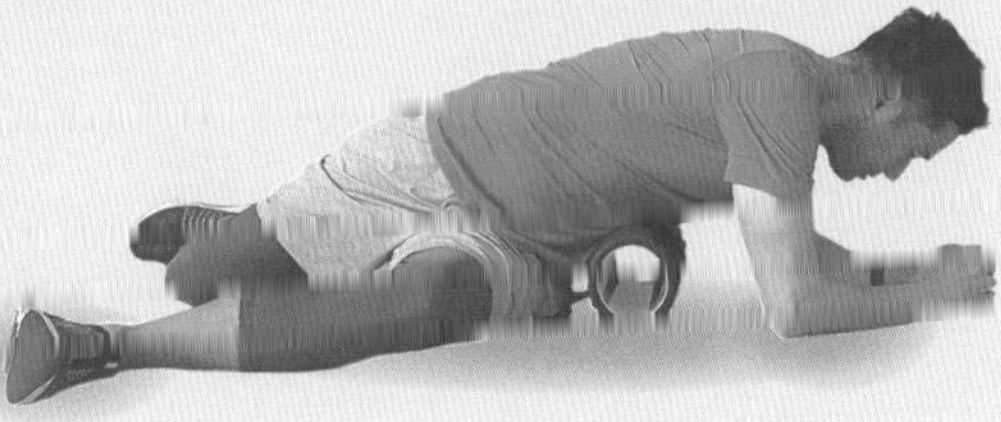

4

1のポジションに戻り、体を回旋させて両肘から前腕を床に置きます。身体を捻る感覚です。左右入れ替えて行ってください。

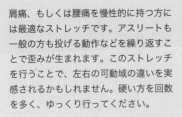

リカバリーのための
ストレッチ④
ふくらはぎ

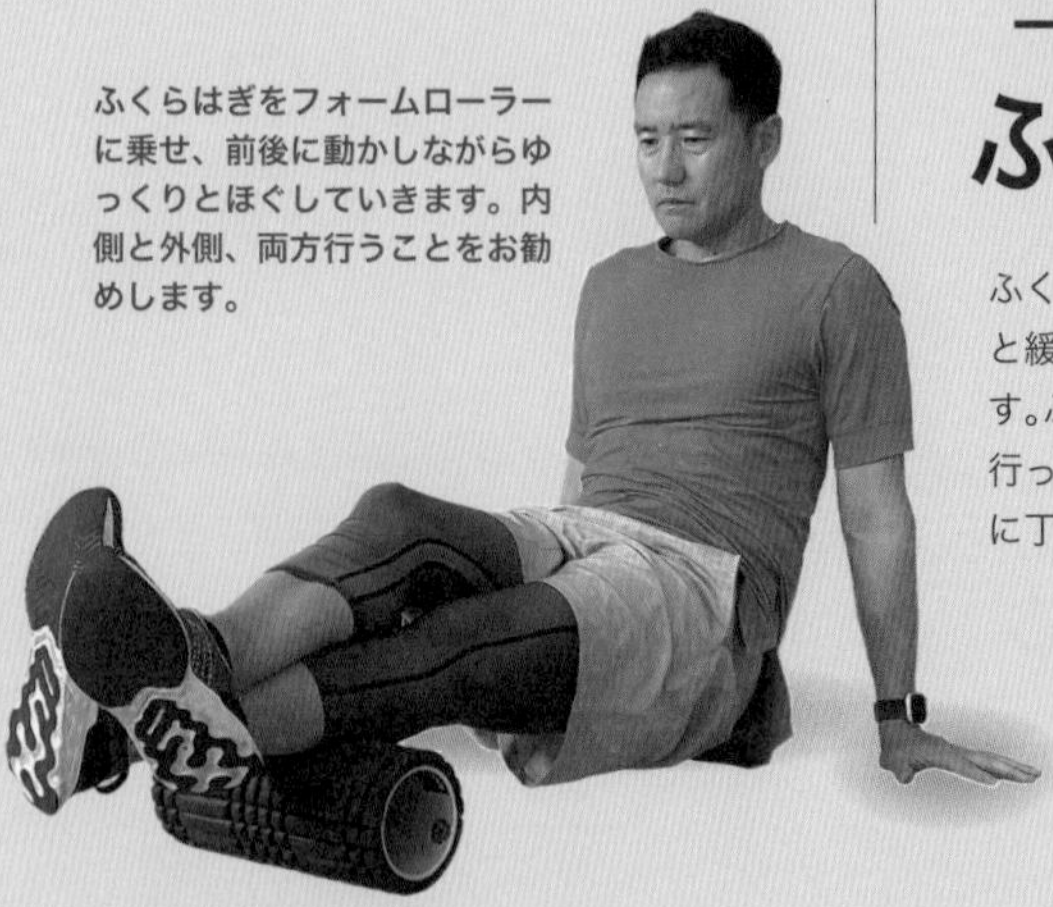

ふくらはぎをフォームローラーに乗せ、前後に動かしながらゆっくりとほぐしていきます。内側と外側、両方行うことをお勧めします。

ふくらはぎの肉離れ、炎症の予防と緩和に効果があるストレッチです。ふくらはぎに張りを感じたら、行ってください。アキレス腱は特に丁寧にほぐしていきましょう。

リカバリーのための
ストレッチ⑤
ハムストリングス

お尻付近から膝までゆっくりローラーでマッサージして硬い部分を探り、そこを中心に体重を乗せ、圧をかけて前後左右に動かしてほぐしていきます。

ハムストリングス（太ももの裏側の筋肉）が硬くなると筋力および柔軟性の低下により、膝の屈伸力が弱まります。 結果、膝や腰への負担が重くなり、慢性膝痛や腰痛につながります。怪我予防に最適なストレッチです。

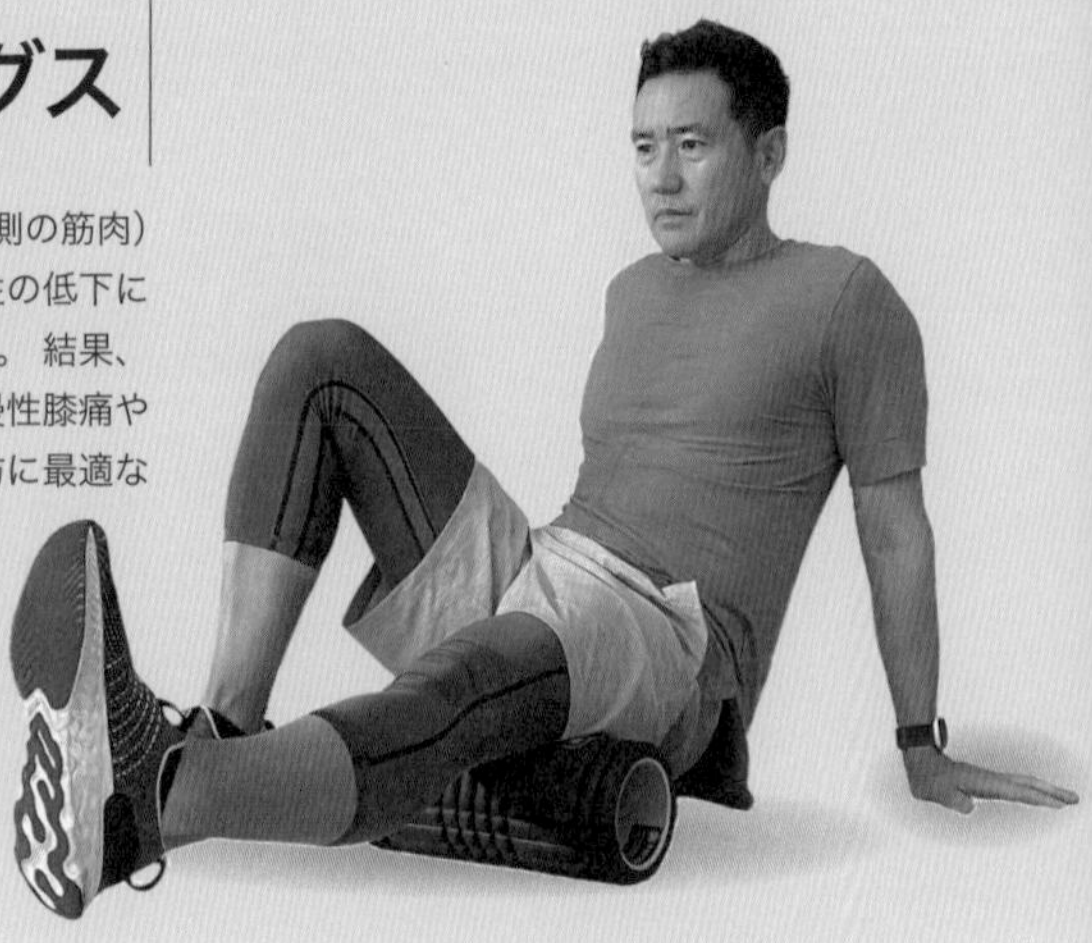

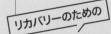

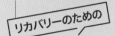

大腿四頭筋（太もも）の発達は、運動中のパフォーマンス向上に大きく関係しています。この筋肉は膝関節を安定させる働きを持ちます。疲労の溜まりやすい部位でもあるので入念にストレッチを行いましょう。

リカバリーのための

ストレッチ⑥

大腿四頭筋

1　大腿四頭筋の下にフォームローラーを配置し、両肘を床について上半身を固定します。前後（膝関節から股関節まで）、左右に動いて筋肉が硬くなっている部分を探していきます。

2　床に両手を突いて上半身を持ち上げ、硬くなっている部分にさらに圧をかける（体重をより乗せる）感覚で左右に動かして筋肉をほぐしましょう。

リカバリーのための
ストレッチ⑦
ITバンド

IT バンドは腸脛靭帯（ちょうけいじんたい）とも呼ばれます。太ももの外側に位置する靭帯で、膝を安定させる大切な部位です。運動量の多かった日には特に、丁寧にゆっくりと行ってください。

足の付け根から膝関節付近までゆっくりフォームローラーでマッサージして硬い部分を探り、そこを中心に体重を乗せ、圧をかけて前後左右に動かしてほぐしていきます。左右入れ替えて行ってください。

リカバリーのための
ストレッチ⑧
内転筋

足の付け根から膝の内側までゆっくりフォームローラーでマッサージして硬い部分を探り、そこを中心に体重を乗せ、圧をかけ前後左右に動かしてほぐしていきます。左右入れ替えて行ってください。

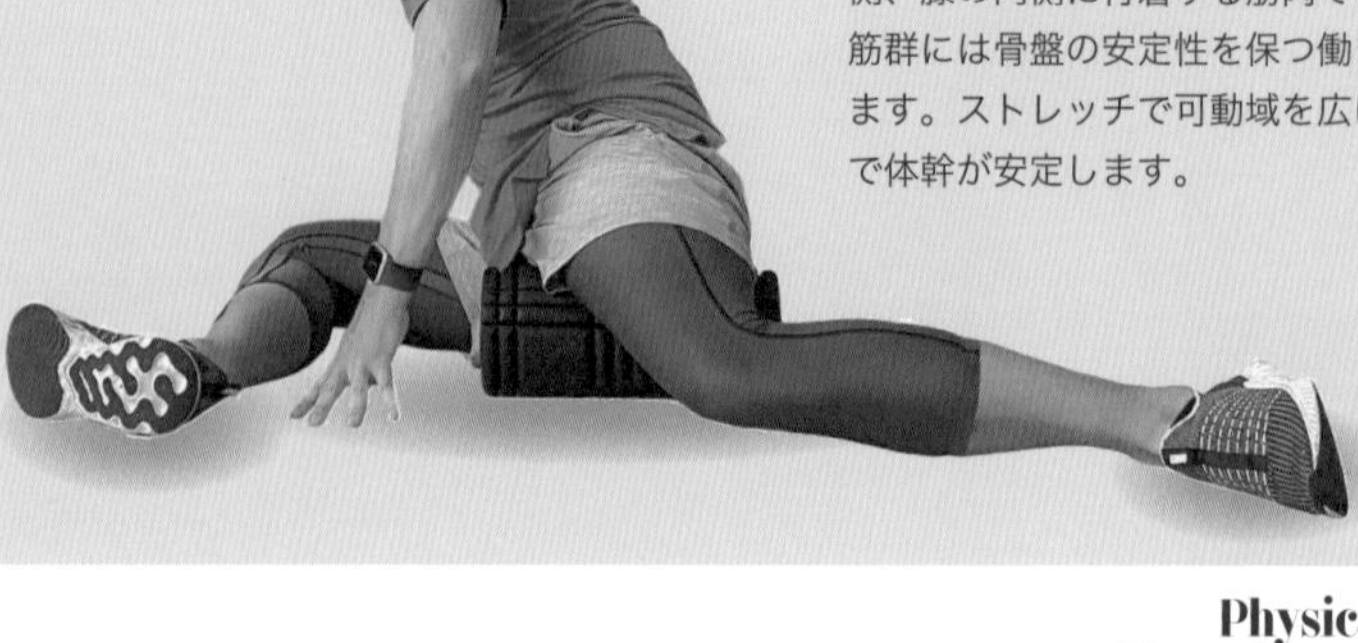

内転筋は股関節の付け根から太ももの内側、膝の内側に付着する筋肉です。内転筋群には骨盤の安定性を保つ働きがあります。ストレッチで可動域を広げることで体幹が安定します。

リカバリーのための
ストレッチ⑨
臀筋

身体の中で最も出力が高いのが股関節周辺であることはお話ししましたが、その中心的役割を担うのが臀筋（お尻の筋肉）です。この筋肉はパフォーマンス向上から怪我予防に関係します。日頃酷使する部分なので時間をかけてストレッチを行いましょう。

写真のように片足を右太ももの上に乗せ、足の付け根から腰までゆっくりフォームローラーでマッサージして、硬い部分を中心に前後左右に動かしてほぐしていきます。
左右入れ替えて行ってください。

リカバリーのための
ストレッチ⑩
胸筋

胸筋は上半身の姿勢作りに大切な部位です。日頃から姿勢が悪い方に効果的なストレッチです。胸筋が硬いと前傾になり、可動域が狭まる原因となります。肩痛、腰痛の改善にも役立ちます。

腕を伸ばした状態（胸筋が伸ばされている）で肩関節から胸筋の付け根をゆっくりフォームローラーでマッサージして、硬い部分にさらに圧をかけて前後左右に動かしてほぐしていきます。左右入れ替えて行ってください。

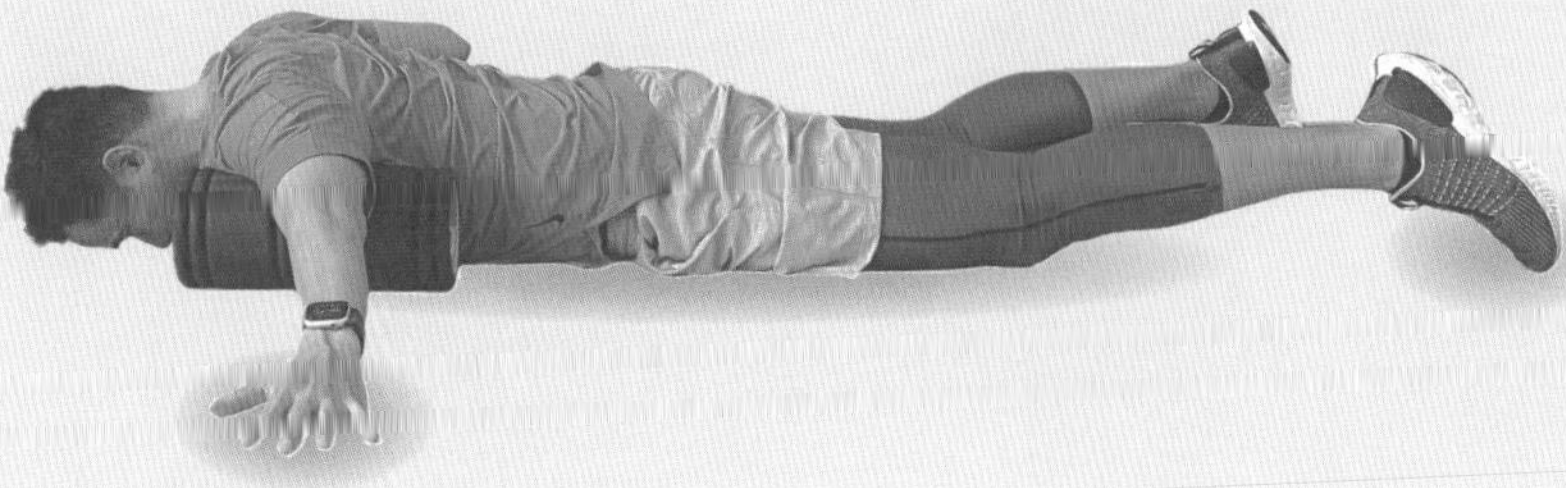

広背筋は、肩の後ろから腕へ（脇の下へ）かけて広がる人体で最も面積の大きい筋肉で、主に肩関節の動作に関与します。疲労で硬くなると腕が真っ直ぐ上がらなくなり始め可動域が制限されます。多くのアスリートが取り入れているストレッチです。

リカバリーのための

ストレッチ ⑪

広背筋

1 横になり、脇の真下にフォームローラーを置きます。可能な限り体重を乗せ、圧をかけてください。

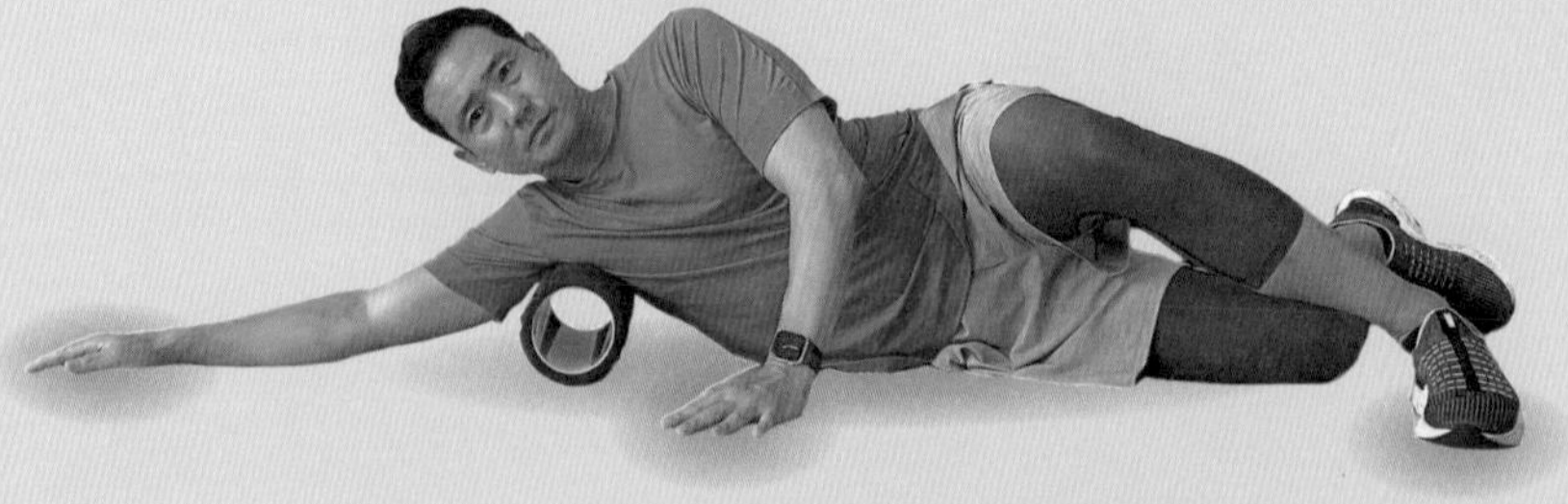

2 伸ばしている腕から上半身を多少前後左右に動かして、硬い部分を探し、そこを重点的に伸ばします。左右入れ替えて行ってください。

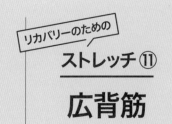

COLUMN C

テニスプレーヤーのリカバリースケジュール

「リカバリー」パートの最後に、プロアスリートは試合期間中、実際にどのようにリカバリーを行っているのか、僕が指導しているテニスプレーヤーの例を紹介しましょう。

グランドスラムを例にすると、トーナメント期間は2週間で、仮に決勝まで進んだ場合、7試合をこなさなければなりません。男子の場合は5セットマッチなので、4~5時間動き回らなければならないという非常に過酷な環境です。

まず、テニスの場合には試合時間が読めない、という特異性が存在します。なぜなら前の試合が終わらないと、次の試合はスタートできないからです。さらに天候によっても試合開始時刻は左右されます。

また当日の結果が全て出揃ったところで翌日のスケジュールが組まれるので、進行表の発表は大抵深夜になります。

　そのようなイレギュラーな条件の中で、いかに超回復をコントロールするかがリカバリーのポイントになります。

　前述したように、超回復には48時間〜72時間のインターバルが必要です。テニスのグランドスラムにおける試合は基本的には1日おきですが、天候によっては連日になります。超回復が間に合わない場合、どのような工夫をするかが我々トレーナーの腕の見せ所です。僕の場合は各プレーヤーの普段の状態から、問題になりそうなポイントに絞って調整することで、身体を完全に近い状態にまで回復させていました。

　試合に臨む際の具体的なタイムスケジュールですが、まず前日に何試合目に出場するかを確認します。そこからおおよその試合開始時刻を予測して、その2時間前にコートで練習を行います。練習時間はだいたい30分程度。練習を終えたらロッカーでシャワーを浴び、残りの1時間半は、前の試合の進行状況を確認しながら、できるだけリラックスして試合に備えます。

　その時間にエネルギーの補給も行います。主にパスタ、ライス系などの炭水化物を中心に、チキンなどのタンパク質を軽めに摂取し、野菜、フルーツを加えます。

前の試合が終わりそうになったら、15分ほど前からアクティベーション（具体的にはフットワークのチェックなど）を行って試合に臨みます。

試合を終えるとすぐにジムに行って15分ほど軽くバイクを漕いでからストレッチを行い、アイスバスに入ります。その後にインタビューに向かい、食事はインタビューの前後に摂ることになります。

このように、トーナメント中は、できるだけ毎回決まったスケジュールを組みます。不確定な部分が多いからこそ、コントロールできることは確実にルーティン化するのです。

テニスプレーヤーは世界各国を転戦するため、移動の負担や、時差との戦いもあるので、我々トレーナーはプレーヤーの状態を徹底的に観察します。そして、いかにリカバリーし、身心の状態をピークに導くかを最優先に考えます。

日々過酷なスケジュールに追われるプロアスリートにとって、リカバリーはトレーニングや練習と同じくらい重要なものなのです。

Physical Management Method 3

栄養

Nutrition

Step 1 食とフィジカルの関係を知る

食事でスポーツが強くなる？

僕に食意識が芽生えたのは、中学生の頃。あまり情報もない時代なので、かなり早熟だったと思います。

小学生時は野球に熱中していましたが、親の勧めや協力で始めたこともあって、考えることなく指導者の言う通りの練習に励んでいました。

中学に入ってからは自分の意志でテニスを始めました。自ら選んだことなので本や雑誌を読み漁り、常に有益な情報を探していました。そんな中で自然にトレーニングや食にも関心を持つようになっていったのです。

子どもの頃の僕は偏食が激しく、食べるのは白米ばかりで、おかずはハンバーグなど数種類しか口にしませんでした。野菜も全く食べなかったため、両親は困っていたようです。

ところがテニスに夢中になり始めてからは、野菜を避けなくなりました。自分ではあまり覚えていないのですが、メニューを自ら考えて母親に頼んだりもしていたようです。両親にとっては嬉しい変化だったようで、テニスを始めてから目の輝きが変わったとまで言われました。

その頃通っていたテニススクールのコーチに勧められた2冊の本が、僕の運命を変えたのです。

1冊は「リカバリー」のパートで紹介したジム・レーヤー博士の『メンタル・タフネス：勝つためのスポーツ科学』。そしてもう1冊が、『食べて勝つ』（邦訳／講談社）というロバート・ハース博士の著書です。

ハース博士は、ニュートリション（栄養学）はスポーツ選手のパフォーマンスに直結すると提唱した、スポーツ栄養学の先駆者です。

『食べて勝つ』は複合的炭水化物（小麦や穀類）による悪影響、水の摂取によるパフォーマンスの向上など、栄養がいかにアスリート能力に影響を与えるかが科学的検証に基づき、論理的かつ実践的に書かれている本です。実際に彼は数々のアスリートを指導し、成果も挙げていることで、この本は大きな反響を呼びました。

ハース博士の栄養学をいち早く取り入れたトップアスリートは、女子テニスのナンバーワンプレーヤーだったナブラチロワです。先進的な「トレーニング」を行いながら、さらに「メンタル」と「栄養」を探究した彼女は、スポーツ界において革新的な存在でした。ナブラチロワの登場によって、優雅な女子スポーツはアスリートスポーツに変革していったと言えるでしょう。

『食べて勝つ』は、中学生当時の自分には理解が難しい部分はありましたが、非常に感銘を受けたことを覚えています。なぜなら、「メンタル・タフネス」同様に、練習以外にも強くなれる方法がある、ということが衝撃だったからです。

高校生になってもその本は僕のバイブルであり、常にカバンの中に入れて通学していました。そして時々、授業中にもこっそり読んでいたのです。

ある日、陸上部の友達が僕が夢中になっている姿を見て「何読んでるの?」と声をかけてきたことがあります。本を見せながら真剣に内容を説明したのですが、「食べ物なんかで勝てるほど、甘くねえよ」と軽くあしらわれてしまいました。

30年以上前は、食べ物がスポーツ能力の向上に寄与するなどとは全く考えられていない時代でした。今は中学生プレーヤーでさえ、食に注意を払うようになっているのを見ると隔世の感があります。

プロアスリートの食へのこだわり

現在のアスリートは、みな食に対して高い意識を持っています。

ただし、テニスプレーヤーの場合は完璧な食のコントロールは難しい状況です。なぜなら、毎週のように国をまたいでの移動があるため、ツアー中はホテル暮らしを強いられます。その結果、どうしても外食に頼らざるをえないのです。

そんな環境の中で各選手は栄養に気を遣っているわけですが、男女でちょっと面白い違いがあります。

男子と比べて女子選手は食事という行為を大事にするということです。世界各地の試合会場で美味しいレストランを探し当て、そこに通えることを心待ちにするのです。時にはその様子をインスタグラムに載せたりしてエンジョイしています。

一方多くの男子選手は、栄養バランスや食材に問題がなければ、味や雰囲気などにはほとんどこだわりません。

ちなみにシャラポワも、結構なグルメでした。お洒落で美味しそうな店を自らネットで探してきて、チームメンバーを誘ってみなで繰り出したものです。

大坂なおみも食にこだわる選手でした。色々なタイプのレストランを探索し、２日続けて同じ店に行くということがありませんでした。行った先の料理が美味しかったとしても、もっと美味しい店があるんじゃないかと……テニスだけでなく食に対しても貪欲なプレーヤーでした。

シャラポワもなおみも日本食を特に好んでいました。他の選手達にも日本食は大人気です。シャラポワは特にしゃぶしゃぶが好きでしたね。なおみもしゃぶしゃぶ、すき焼きは大好物でした。なおみとは練習コートからジムに行く間に30分くらいドライブするので、そのタイミングで朝一緒に作ったおにぎりを食べたりしたものです。ちなみに彼女は梅干しが大好物でした。

日本食はヘルシーさを好まれていますが、バラエティに富んでいることでより人気が高いのだと思います。例えばイタリアンだとパスタかピザ、肉料理も魚料理もバリエーションが意外と少ないものです。それに対して日本食は寿司、天麩羅、すき焼き、鉄板焼き、麺類、丼物など、かなりの種類の料理が楽しめます。また、見た目も綺麗であることが人気の秘密だと思います。

錦織圭がＩＭＧにいたジュニア時代は、米沢徹コーチが食事のメニューをコントロールしていました。遠征先では外食になるので、子ども達は好きなメニューが食べられると楽しみに出かけるのですが、結局全てのオーダーは米沢コーチが行います。栄養価を考えて的確なメニューを選んでいるとはいえ、最初の頃子ども達はみなガッカリしていました。

デビスカップ日本代表としても活躍した米沢コーチは、自身がプロとしてツアーを回っていたので、その時の経験や反省を踏まえて、自分の夢を子ども達に託したいと考えていたのです。僕も米沢コーチの食に対する姿勢に大きく影響を受けました。そういった工夫が現在の日本人選手の活躍につながっているのだと思います。

Step 2 食で身体を美しく整える

危険なダイエット

「身体を美しく整えたい」ということは、読者の方々の大きな目標の一つではないでしょうか。**ダイエットは身体を正しくコントロールするという意味において、「フィジカル・マネジメント」の大きなテーマの一つと言えます。**日本でも次々に新しいダイエット法が紹介されていて、皆さんの関心も高いことと思います。

アメリカ発のダイエットが日本でもブームになることが多いので、アメリカで有名なダイエット法をいくつか紹介しておきます。

まず最も有名なダイエット法として「パレオ・ダイエット」が挙げられます。「パレオ」は、旧石器時代を表す「パレオリシック」という言葉に由来します。古代から自然に存在する素材を活かした食生活を実践して、身体を健康に保つという手法です。加工食品を一切使用せず、植物、肉、木の実、根菜などを中心に摂取します。

「ケトジェニック・ダイエット」も盛んです。元々は、てんかん患者の発作を抑えるために開発された高タンパク質、高脂肪、少炭水化物の食事療法です。炭水化物を摂らないとエネルギー源である血糖が不足するため、脂肪が燃料として消費されるというわけです。

その考えが先鋭化して、いっさい糖質を断ってしまう「糖質制限ダイエット」もポピュラーになっています。日本でも実践された方が多いのではないでしょうか。

糖分を断つことで、たしかに身体は劇的に変化します。しかし、人間の身体というのは非常に精密にできているのです。栄養素のバランスが崩れると、てきめんにその副作用が現れてしまいます。**糖質制限は頭痛、めまい、いらつき、思考の低下などをもたらします。さらに極度の糖質制限は「低血糖症」を引き起こし危険です。糖質は**

脳のエネルギー源となる大事な栄養素なのです。

また、糖質不足が続くと、エネルギーを補うために筋肉をはじめとするタンパク質を分解して消費します。筋肉量が減って基礎代謝量が低下すると、痩せにくい体質となり逆効果になってしまいます。

「グルテンフリー・ダイエット」もよく知られたダイエット法です。グルテンとは小麦に含まれるグルテニンとグリアジンという2種類のタンパク質が絡み合ってできる成分です。グルテンは主に小腸へ悪影響を及ぼす可能性が指摘されていて、小麦粉製品を口にしないグルテンフリーを実践することで、体質改善を行います。

これらのダイエット法の中で、**僕が推奨するのは「グルテンフリー・ダイエット」です。**僕は自分の体質を知るために血液検査を行ったのですが、グルテンについては、摂取を週に2~3回に抑えた方が良いという結果が出たのです。そこで、実際にグルテンフリーを試したところ、体調や肌艶《はだつや》にとても良い影響が出ています。

男子テニスのナンバーワンプレーヤー、ノバク・ジョコビッチはグルテンフリーの実践者として知られています。彼はグルテンフリーをテーマに『ジョコビッチの生まれ変わる食事』（邦訳／扶桑社）という本を書いているくらいで、日本でもベストセラーになったので、ご存じの方も多いかと思います。

この本では、彼がグルテンフリーを取り入れたことで、プレーが劇的に変わった様子が克明に描かれています。自分がナンバーワンになれたのも、グルテンフリーのおかげだ、と公言しているくらいです。

ジョコビッチの本はテニス以外のアスリートの間でも非常に話題になっています。交流のあるサッカーの川島永嗣《かわしまえいじ》選手から聞いたのですが、長友佑都《ながともゆうと》選手は常にジョコビッチの本を持ち歩き、グルテンフリーの話を盛んにしていたそうです。長友選手は食の洗練がアスリートの成長に直結すると力説していたようです。

僕がグルテンフリーを知ったのは、実はシャラポワからの伝聞でした。食の重要性というテーマについて、シャラポワとジョコビッチはよく情報交換していたのを覚えています。

ダイエットを行う時、１カ月で10キロ痩せるとか筋肉を３キロ増やすといった即効性を求めがちになります。しかし、我々のようなプロトレーナー目線からすると、10キロ体重を落とすということは、アスリート並みに身体を追い込む必要があり、また極端な食事制限を行わなければなりません。これほどの**急激な減量は、一般の方が行うと非常に危険ですし、成功したとしても、結局リバウンドしてしまうでしょう。**

体重は健康状態のバロメーター

バランス良く適切な栄養素を摂ることによって人間の身体は正常に機能します。**エネルギーを一気に取り入れたり、あるいは枯渇させたりと、上下させないことが健康を保つには重要です。**そのためには、1日に3食と分散させることが有効なのです。足りないエネルギーは間食で補うことも必要です。

正しい食事は継続してこそ効果が現れます。これは食べてはいけないといった制限ばかり考えてしまうと長続きしませんから、必要な栄養素を新たに加えていくようにしましょう。メニューに野菜や果物を添えるなど、変化があれば新鮮な気持ちで楽しむことができます。

自身の現状を知る最も簡単な方法は、体重計に乗ることです。体重は、あなたの身体の状態を示すバロメーターです。身体を管理する一番確実な方法は「可視化」です。数値は最も客観的にあなたの状態を示してくれます。

現実を知るのが嫌で体重計に乗りたくない、という方も多いかもしれません。しかし自分の真の姿をチェックすることから始めるべきなのです。毎日のルーティンに組み込めば、体重計に乗らないと落ち着かない、くらいの心境になるはずです。

実際に僕はジュニア時代の望月慎太郎に対しては1日2回、朝と晩に体重計に乗ることを課していました。

僕自身は、体重計の数値をブルートゥースでスマートフォンに飛ばすように設定しています。そうすれば、1カ月前、1年前の状態とも簡単に比較ができます。僕の場合は、トレーニングが足りないと体重が減ってしまうので、すぐに調整を行うことができます。

最近の体重計には体脂肪を測れるものも多く、自分の現状を知るのにうってつけです。**毎日の変化は小さくても、1カ月たつと大きな差となって現れます。日々チェックすることで、軌道修整ができるわけです。**

特に食事法を変えたり、トレーニング法を変えたりと、何かにトライしたタイミングで、自分の状態を確認するのに体重のチェックは役立ちます。

栄養の乱れが老化を引き起こす

栄養は身体を形成する半面、バランスが崩れると、炎症の原因にもなります。**体内の炎症は老化、慢性疲労、鬱につながってしまうのです。**疲労したなと感じた場合、実際に身体が炎症を起こしていることが多く、疲労感と炎症には強い相関関係があるのです。

傷や打撲など、外から見て分かる炎症は、すぐに対処が可能です。しかし、体内の炎症は気がつきにくいため慢性化してしまいます。スポーツは、同じ動きを繰り返すので、毎回使う関節や筋肉が疲労し摩擦を起こして炎症が起こりやすくなります。自覚症状がなければ、（放置された）炎症は悪化し続け慢性化してしまいます。

また、食によっても炎症が起こります。炎症の原因となる食べ物として、グルテン、砂糖、ブドウ糖果糖液糖（デンプンを原料とした糖分）、植物油が挙げられます。また、種子油（ひまわり等の種子から取れる油）は炎症をさらに悪化させることで知られています。

グルテンフリーは胃腸を整えるのに効果的ですが、関節の炎症にも効果があるという研究結果も発表されています。年齢を重ねるほど、食生活が疲労を左右するようになってきます。

身体の中でも腸は第二の脳と言われるくらい、重要な役割を果たします。腸は栄養素を体内に摂り込む器官ですから、食事内容が大きく影響するわけです。腸に炎症が起こると重病につながる可能性もあるので、注意が必要です。腸の炎症の原因としては、次の5つの成分が挙げられます。

①グルテン：小麦に含まれるタンパク質。粘っこい性質で腸に滞留してしまう。
②カゼイン：牛乳、チーズ等の乳製品に含まれるタンパク質の一種。
③精製糖：白砂糖など加工された糖分。血糖値を上げやすく、胃腸の中のカビの原因になる。
④質の悪い脂質：必須脂肪酸（体内で生成できず、食物から摂る必要がある脂質）、トランス脂肪酸（脂肪酸の一種で悪玉コレステロールを増加させるなど人体に悪影響があるとされる）。
⑤アルコール：良い腸内細菌を殺してしまう。毎日の摂取量が少量であっても蓄積して炎症の原因になる。

アルコールはアスリートにとっても良い影響はありません。アルコールを摂ると、寝付きは良くなるかもしれませんが、アルコールによって代謝されるアセトアルデヒドの覚醒作用で睡眠が浅くなってしまうのです。そのため、現在活躍するトップアスリートの多くは、アルコールを口にしないようになっています。

グルテンは肌の状態や髪質の老化に影響を与えます。人によっては乳製品、卵が合わない方もいるので、**ぜひ一度、精密な血液検査をされることをお勧めします。**

食への意識が変わってくると、自然に身体に悪いものを受け付けなくなるはずです。

栄養は、メンタルにも大きな影響を与えます。人間には「ホメオスタシス（生体恒常性）」という、自らの身体を環境に適応させ、安定させるための機能があります。**ホメオスタシスの3大システムは、「自律神経」「内分泌」「免疫」で、このバランスを崩すのがストレスです。食からのエネルギー源が枯渇すると、メンタルが乱れストレスが生じ、ホメオスタシスのバランスが崩れてしまいます。**

全てはバランスが大切なのです。

Step 3

正しい栄養素の摂り方

5つの栄養素の活用法

食物の中に含まれているさまざまな物質のうち、人間の身体に必要な5種類の栄養素である「炭水化物」「タンパク質」「ビタミン」「ミネラル」「脂質」のことを5大栄養素と言います。この5大栄養素をバランスよく摂ることが、心身の調子を整えてくれます。

炭水化物

炭水化物は、穀類、いも・デンプン類、砂糖などの甘味料類、果物類に多く含まれています。胃腸で消化されてブドウ糖となり、タンパク質と結びついて糖化します。糖は私達の身体のエネルギー源であり、特に脳で消費されます。そのため、**炭水化物が不足すると、疲労感や注意力の散漫、判断力の低下などが起こります。**

一方糖分過多になると、身体の中が酸化して体内炎症が引き起こされます。また老化の原因ともなります。

糖分を摂るとドーパミン（脳内快楽物質）が出るため、より炭水化物を欲するようになります。炭水化物の過剰摂取は体内の糖化を促進させます。

体内の糖化が進んでしまうと糖尿病を引き起こします。糖尿病になるとインスリンの分泌が鈍くなり、血糖値が上下して様々な病気の原因になるのです。またインスリンの上下動は鬱にもつながります。

さらに、体内の糖化によって免疫力が低下してしまいます。免疫力が下がると癌細胞を除去できずに、大病につながることさえあるのです。

日本人の食生活は基本的には、欧米人に比べてバランスが取れていると思います。

けれども、主食が炭水化物なのでどうしても糖分を摂りすぎてしまいます。日本人の昼食を例に取ると、コンビニでおにぎり2つや、うどん、パスタ、ラーメン、丼物といったパターンが多いのではないでしょうか。これらの食事はほぼ炭水化物で構成されています。

炭水化物を摂る際には色の白いものに気をつけると良いでしょう。白米、白パン、パスタの摂りすぎには注意すべきです。果物も意外に糖度が高いものです。玄米、雑穀米、全粒粉など色がついた食材の方が安心です。

糖質カットができるからといって安易に人工甘味料で代用すべきではありません。WHO（世界保健機関）の最近の発表でも、人工甘味料アスパルテームに発癌性の可能性があるとの見解が示されています。フルーツジュース、炭酸飲料、缶コーヒーには驚くほど多量の人工甘味料が使われている場合があるので注意が必要です。

炭水化物を摂る場合には最強の順番があります。

食事の30分前にまず**水を500ml**飲みます（食事中でなく食事前に胃腸を慣らすの

です。食事中の水分は胃から腸への消化吸収を早め血糖値を上げてしまいます）。─**野菜**（特に水に溶けやすい植物繊維を含むゴボウ、アボカド、海藻などがベスト）─**タンパク質→脂質→炭水化物**の順です。

炭水化物を食べる時は温度を冷ます、ということも覚えておいてください。温かいと糖質を形成しているデンプンが液状になり、吸収されやすく血糖値を上げてしまうのです。冷やすと消化吸収のスピードを抑えてくれます。

僕は野球好きなので、ダルビッシュ有選手のＳＮＳをよくチェックしています。その中で彼が温かいおにぎりを、わざわざ冷やして食べている姿を見たのです。彼は食には人一倍デリケートなアスリートなので、きっと理由があるに違いないと色々と調べた結果、前記の事実を知ったのです。

過剰摂取は問題ですが、糖質は人間の身体には絶対に必要な食材です。食物繊維を摂れるというメリットもあります。糖質のマイナス面を抑えるには、**1日の中で炭水化物を摂る時間を6時間以内に収める、**という方法があります。例えば11～17時の間に炭水化物を摂る、といったようにすれば、それはエネルギーとして活用され、体内に蓄積されないという研究結果が報告されています。

タンパク質

タンパク質とはアミノ酸が多数結合した高分子化合物で、肉、魚介、卵類、大豆製品、乳製品などに含まれます。

タンパク質は血液、筋肉、つめ、毛髪、内臓など人間の全ての組織、器官を形成する他、生体防御に関係する抗体、酵素、一部のホルモン、エネルギー源として働く重要な栄養素です。

良質なタンパク質を摂るのにベストな食材は卵です。続いて牛肉→豚肉→鶏肉→魚となります。魚の中ではサンマ、青魚系はタンパク質が豊富です。シジミも卵同様に良質なタンパク質が含まれているのですが、量を摂るのが難しいところが欠点です。うずらの卵は高タンパク質で鉄分も豊富なので、お勧めの食材です。

人間の身体を作っているタンパク質は全て20種類のアミノ酸の様々な組み合わせによって形成されています。そのうち体内で作られる11種類を非必須アミノ酸、体外からしか摂取できない9種類を必須アミノ酸と言います。

必須アミノ酸は普段の食事で摂取するのが基本ですが、食事だけではどうしても足

タンパク質を構成する20のアミノ酸

非必須アミノ酸	必須アミノ酸
グリシン	バリン
アラニン	ロイシン
セリン	イソロイシン
アスパラギン酸	スレオニン(トレオニン)
グルタミン酸	リジン
アスパラギン	メチオニン
グルタミン	フェニルアラニン
アルギニン	トリプトファン
システイン	ヒスチジン
チロシン	
プロリン	

りなくなってしまうことがあります。タンパク質は脂肪や炭水化物と違い、体内に留めておくことができないため、代謝され消耗した分毎日補給する必要があるのです。その場合はプロテインで補うという方法もあります。

プロアスリートはほぼプロテインを摂取しています。日本人は炭水化物が主食のため、どうしてもタンパク質を摂る量が少なくなってしまうので、注意が必要です。ちなみに望月慎太郎はジュニア時代から、プロテイン等を積極的に取り入れていました。トレーナーの立場から言っても、身体の強度を上げるには最適な方法だと思います。

運動後、食欲が湧かないという方にもプロテインは有効です。身体の回復や運動時の炎症にもタンパク質は効果があります。

プロテインと共にＢＣＡＡ（必須アミノ酸のうちの分岐鎖アミノ酸であるバリン、ロイシン、イソロイシンの総称）を摂るとより筋肉のリカバリーに効果的です。また乳酸も抑制するのでパフォーマンスの向上につながります。

プロテインには大きく分けて３つの種類があります。

ホエイ：動物性。牛乳に含まれるタンパク質、BCAAが豊富で消化吸収が早い。
カゼイン：動物性。牛乳に含まれるタンパク質でホエイに比べると吸収は遅いが持続性が高い。
大豆：植物性。分解・吸収に時間がかかるが、腹持ちが良くダイエットにも効果的。

この3種は筋肉の合成の精度をさらに高めてくれます。過剰摂取には注意しながらプロテインを活用して、9種の必須アミノ酸をバランス良く摂りましょう。

ビタミン・ミネラル

ビタミン・ミネラルはエネルギーにはなりませんが、糖質、タンパク質、脂質の分解や合成を助ける働きを持ち、健康維持、体調管理には欠かせない栄養素です。3大栄養素（糖質、タンパク質、脂質）が筋肉や骨、皮膚に変わる時に、潤滑油としてその転換の手助けをします。

ビタミンの中ではビタミンBが特に重要です。3大栄養素をエネルギーに変える働きがあり、血液やホルモンの形成に必要で、免疫機能も持ちます。

ビタミンBはレバー、玄米、緑黄色野菜、肉、卵黄、チーズ、納豆といった食材に含まれます。激しい運動をするアスリートには必要不可欠な栄養素です。

ビタミンBの1日に必要な摂取量を、日常の食生活で補うのは大変です。血液検査を行うと正確に分かるのですが、僕の経験上多くの方はビタミンBが不足しているはずです。僕自身もビタミンBは気をつけて摂るようにしているのですが、検査をするとマイナスの評価が出てしまいます。

ビタミンBを補うにはサプリメントを摂るという方法もあります。アメリカはサプリ大国と言われますが、健康のために必要なビタミン量を摂るのに、よくサプリメントが用いられています。

ビタミンCは身体の免疫機能に必要な栄養素です。強い抗酸化作用（身体の酸化を抑え老化を防ぐ）があり、傷の治療、感染症の予防になります。また、細胞と細胞を結びつけたり、筋肉、骨の材料になったり、体調を整えたりする役目を果たします。

ビタミンCは、緑黄色野菜、柑橘類、トマト、ピーマン、ブロッコリーなどに含まれます。

ビタミンCも通常の食生活では不足しがちです。アスリートはエネルギーの消費が激しいので、食事だけで必要な栄養素を摂るのは難しいのです。そのため、プロテイン同様、サプリメントもよく活用されています。

カルシウム、マグネシウム、リン、ナトリウム、カリウム、鉄などのミネラルは、体内で合成できないために食事で摂る必要があります。

ミネラル、中でも亜鉛とマグネシウムは様々なホルモンを作るのに必要な要素です。亜鉛は牡蠣、豚レバー、カシューナッツ、卵に多く含まれます。

マグネシウムは海藻、米ぬか、干しエビ、純ココア、ゴマ、アーモンドに多く含まれます。

脂質について

脂質は体内に蓄えられ、必要な際にエネルギーとして活用されます。主に肉類、乳製品、油脂類に多く含まれます。

脂肪はできるだけ減らしたい、と考える方が多いでしょうが、**脂質も身体には必要**

な要素です。栄養を蓄える貯蔵庫であり、保温作用と内臓への衝撃を緩和する働きがあります。

細胞、臓器、脳が正常に働くための機能を果たし、細胞膜やホルモンの原料となり、ビタミンAなどが体内に吸収されるのを助ける栄養素です。脂質が不足すると髪の水分が失われ、肌が荒れ、血管がダメージを受けます。

ただし脂質過剰状態である肥満は、高血圧、糖尿病、動脈硬化、認知症などを引き起こし、足腰に負担をかけます。

脂肪は主に3種類に分けられます。

①飽和脂肪酸：バター、ココナッツオイル、ラード、牛脂など。常温で固体となり酸化しにくい。

②不飽和脂肪酸：オリーブオイル、ひまわり油、なたね油など。炎症融和・抑制、悪玉コレステロール値を下げる。身体に良いのがオメガ3のα（アルファ）ーリノレン酸（亜麻仁油、エゴマ油、DHA・EPA〔青魚の脂〕）。一方オメガ6のリノール酸（サラダ油、コーン油、ゴマ油）は酸化しやすく炎症を招く。

③トランス脂肪酸：マーガリン、ショートニング（クッキー、パン、アイス、ジャン

クフードなどに含まれる）など。人工的に固形化しているので、消化・分解が困難。

この3種類の中で**①の飽和脂肪酸は摂りすぎるとＬＤＬ（悪玉）コレステロールを増加させるリスクがあります。また、③のトランス脂肪酸は人体に悪影響をもたらす可能性があるので、極力避けた方がよいでしょう。**

健康のためには、体脂肪を一定の値にコントロールする必要があります。年齢、性差によって適切な体脂肪率が変わってきます。１９４ページの図を参考にしてください。

1日に必要な消費カロリーのうち、60％が基礎代謝として呼吸、心臓や内臓の活動など生きていくために消費されます。30％が生活活動代謝、歩行や通常の動作、運動など日常の活動で消費されます。10％は食事誘発性代謝（食事を消化吸収する時の内臓活動）で消費されます。

加齢と共に基礎代謝が落ち筋肉量が減ることで、体脂肪は増えてしまいます。

体脂肪率判定表

（対象年齢6〜99才）

男　性

年齢				10%										20%										30%										40% 体脂肪率		
6才	6	7	8	9	10	11	12	13	14	15	16	17	18	19	20	21	22	23	24	25	26	27	28	29	30	31	32	33	34	35	36	37	38	39	40	41	42
7才	6	7	8	9	10	11	12	13	14	15	16	17	18	19	20	21	22	23	24	25	26	27	28	29	30	31	32	33	34	35	36	37	38	39	40	41	42
8才	6	7	8	9	10	11	12	13	14	15	16	17	18	19	20	21	22	23	24	25	26	27	28	29	30	31	32	33	34	35	36	37	38	39	40	41	42
9才	6	7	8	9	10	11	12	13	14	15	16	17	18	19	20	21	22	23	24	25	26	27	28	29	30	31	32	33	34	35	36	37	38	39	40	41	42
10才	6	7	8	9	10	11	12	13	14	15	16	17	18	19	20	21	22	23	24	25	26	27	28	29	30	31	32	33	34	35	36	37	38	39	40	41	42
11才	6	7	8	9	10	11	12	13	14	15	16	17	18	19	20	21	22	23	24	25	26	27	28	29	30	31	32	33	34	35	36	37	38	39	40	41	42
12才	6	7	8	9	10	11	12	13	14	15	16	17	18	19	20	21	22	23	24	25	26	27	28	29	30	31	32	33	34	35	36	37	38	39	40	41	42
13才	6	7	8	9	10	11	12	13	14	15	16	17	18	19	20	21	22	23	24	25	26	27	28	29	30	31	32	33	34	35	36	37	38	39	40	41	42
14才	6	7	8	9	10	11	12	13	14	15	16	17	18	19	20	21	22	23	24	25	26	27	28	29	30	31	32	33	34	35	36	37	38	39	40	41	42
15才	6	7	8	9	10	11	12	13	14	15	16	17	18	19	20	21	22	23	24	25	26	27	28	29	30	31	32	33	34	35	36	37	38	39	40	41	42
16才	6	7	8	9	10	11	12	13	14	15	16	17	18	19	20	21	22	23	24	25	26	27	28	29	30	31	32	33	34	35	36	37	38	39	40	41	42
17才	6	7	8	9	10	11	12	13	14	15	16	17	18	19	20	21	22	23	24	25	26	27	28	29	30	31	32	33	34	35	36	37	38	39	40	41	42
18〜39才	6	7	8	9	10	11	12	13	14	15	16	17	18	19	20	21	22	23	24	25	26	27	28	29	30	31	32	33	34	35	36	37	38	39	40	41	42
40〜59才	6	7	8	9	10	11	12	13	14	15	16	17	18	19	20	21	22	23	24	25	26	27	28	29	30	31	32	33	34	35	36	37	38	39	40	41	42
60〜99才	6	7	8	9	10	11	12	13	14	15	16	17	18	19	20	21	22	23	24	25	26	27	28	29	30	31	32	33	34	35	36	37	38	39	40	41	42

女　性

年齢				10%										20%										30%										40% 体脂肪率		
6才	6	7	8	9	10	11	12	13	14	15	16	17	18	19	20	21	22	23	24	25	26	27	28	29	30	31	32	33	34	35	36	37	38	39	40	41	42
7才	6	7	8	9	10	11	12	13	14	15	16	17	18	19	20	21	22	23	24	25	26	27	28	29	30	31	32	33	34	35	36	37	38	39	40	41	42
8才	6	7	8	9	10	11	12	13	14	15	16	17	18	19	20	21	22	23	24	25	26	27	28	29	30	31	32	33	34	35	36	37	38	39	40	41	42
9才	6	7	8	9	10	11	12	13	14	15	16	17	18	19	20	21	22	23	24	25	26	27	28	29	30	31	32	33	34	35	36	37	38	39	40	41	42
10才	6	7	8	9	10	11	12	13	14	15	16	17	18	19	20	21	22	23	24	25	26	27	28	29	30	31	32	33	34	35	36	37	38	39	40	41	42
11才	6	7	8	9	10	11	12	13	14	15	16	17	18	19	20	21	22	23	24	25	26	27	28	29	30	31	32	33	34	35	36	37	38	39	40	41	42
12才	6	7	8	9	10	11	12	13	14	15	16	17	18	19	20	21	22	23	24	25	26	27	28	29	30	31	32	33	34	35	36	37	38	39	40	41	42
13才	6	7	8	9	10	11	12	13	14	15	16	17	18	19	20	21	22	23	24	25	26	27	28	29	30	31	32	33	34	35	36	37	38	39	40	41	42
14才	6	7	8	9	10	11	12	13	14	15	16	17	18	19	20	21	22	23	24	25	26	27	28	29	30	31	32	33	34	35	36	37	38	39	40	41	42
15才	6	7	8	9	10	11	12	13	14	15	16	17	18	19	20	21	22	23	24	25	26	27	28	29	30	31	32	33	34	35	36	37	38	39	40	41	42
16才	6	7	8	9	10	11	12	13	14	15	16	17	18	19	20	21	22	23	24	25	26	27	28	29	30	31	32	33	34	35	36	37	38	39	40	41	42
17才	6	7	8	9	10	11	12	13	14	15	16	17	18	19	20	21	22	23	24	25	26	27	28	29	30	31	32	33	34	35	36	37	38	39	40	41	42
18〜39才	6	7	8	9	10	11	12	13	14	15	16	17	18	19	20	21	22	23	24	25	26	27	28	29	30	31	32	33	34	35	36	37	38	39	40	41	42
40〜59才	6	7	8	9	10	11	12	13	14	15	16	17	18	19	20	21	22	23	24	25	26	27	28	29	30	31	32	33	34	35	36	37	38	39	40	41	42
60〜99才	6	7	8	9	10	11	12	13	14	15	16	17	18	19	20	21	22	23	24	25	26	27	28	29	30	31	32	33	34	35	36	37	38	39	40	41	42

痩せ　−標準　+標準　軽肥満　肥満

出典：タニタ（WHOと日本肥満学会の肥満判定に基づき、DXA法〔二重X線吸収法〕によって作成）

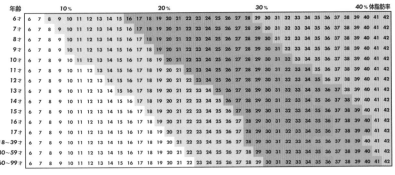

Step 4

水分が人間の身体を整える

水は人間の身体を構成する最大の成分

水は人間の身体の60％近くを占める、最大の成分です。

水分が不足すると、ヒスタミンという物質が増殖し、かゆみをともなう肌の乾燥やアトピー、花粉症等のアレルギーの原因になります。またホルモンバランスが乱れ、高血圧の原因にもなります。**さらに運動中に水分が不足すると、筋肉の疲労によって分泌される乳酸を押し流すことができず、老廃物も排出できない状態に陥ります。これが筋肉痛、関節痛、慢性の腰痛の原因になるのです。**

口から入った水は胃腸で吸収され血管を通して血液として全身を流れます。組織間の水分を保持し、身体の機能を整え、老廃物を除去して静脈に戻り、腎臓に運ばれて一部は尿として、一部は汗や呼気に含まれる水分として体外へ放出されます。**水分が足りないと、疲労感、便秘、関節痛、頭痛にもつながります。**

このように、水分不足は身体に大きなダメージを与えるのです。

水を飲めば各細胞に水分が行き渡り、代謝が良くなります。水は飲みすぎても身体に害はありません。トイレに行く回数は増えるかもしれませんが、**水分が足りないよりは多い方が良いのです。**水を飲みすぎると身体がむくんでしまうという場合は、腎臓や心臓などに何らかの問題がある可能性があります。本来必要な部位に水分が届いていなかったり、汗や尿として排出できていなかったりするのかもしれません。

加齢と共に意識して水分を摂る必要があります。なぜなら老化するとノドの渇きを感じなくなり、慢性的な水分不足になるからです。**渇きを感じてから水分を摂るのでは遅いのです。渇きという感覚は水分不足を警告するサインだからです。**血液に水分が不足すると血管にも負担をかけることになってしまいます。

プロスポーツにおいても水分摂取は重要です。テニスプレーヤーはコートチェンジの際はまず水分を補給し、サッカーでもプレーの中断時に選手は必ず水分を補給します。プレー中の水分の枯渇は痙攣につながるためです。逆に運動で身体の水分を枯渇させた状態で水分を摂ることにより、代謝も良くなります。

シャラポワの水分摂取法は徹底していました。1日のうちでどのタイミングでどれだけの分量を飲むか、常にコントロールしていたのです。練習中は必ず15分毎にペットボトル（500㎖）の半分の水を飲みます。練習に没頭してそのタイミングを逃さないようにと、水分補給のタイミングの管理はトレーナーの僕が任されていました。

水のpH（水素イオン指数）についても、選手達にはこだわりがあります。アスリートは基本アルカリ性の水を摂るようにしています。pH7以上を目安として、各自適した水質の水を用意しているのです。

水分を摂る際には胃腸に負担がかかるので、冷やさない方がいいでしょう。細胞に吸収されやすくするため常温に塩やレモンを加えるのがお勧めです。

スポーツドリンクは糖質が多いので、60分以上の運動を行った場合のエネルギー補給として考えてください。

水分コントロールに余念のないシャラポワ

水1000mlの中に溶けているカルシウムとマグネシウムの量を表した数値を「硬度」と言います。一般的に硬度0～60mg/l未満を軟水、60～120mg/l未満を中硬水、120mg/l以上を硬水と呼びます。日本の水道水の大半は軟水で、エビアンは硬水になります。

運動する時は吸収が良い軟水、オフの日やむくみが気になる場合は、硬水を摂るのが良いでしょう。カフェインなど利尿作用のある飲み物を日常的に飲んでいる方は慢性脱水症に要注意です。体内水は1日に2ℓ近く入れ替わります。**1日の摂取量の目安は体重(kg)×30mlです。**体重60kgの方であれば、1・8ℓ必要です。

体重の2%の水分を失うとノドの渇きを感じ、運動能力の低下が始まります。体重の3%を失うと強いノドの渇きと、さらに食欲不振が起こります。そして4～5%失うと疲労感、頭痛、めまいなどの脱水症状が現れるのです。

正しく水を飲むための7つのルール

①**起床時にコップ1杯水を飲む。**睡眠中に失った水分を補給し、胃腸を目覚めさせる

のです。

②**起床から昼、昼から夕食、夕食から就寝まで、それぞれ2・5対4対3・5くらいの割合で水分を摂る**。毎回正確に測る必要はありませんが、思っているよりも水分を摂れていないことが多いものです。1日2ℓ必要であれば、午前中500ml、午後に800ml、夕食後に700mlと意識して摂るようにすれば自然にリズムができてきます。

③**常温の水を飲む**。胃腸をいたわるためです（真夏なら身体を冷やす必要があるので、冷水でもOK）。

④**日中はこまめに水分補給**。口やノドが潤うとウィルス等を遮断できるメリットもあります。

⑤**食事の前に、必ず水分を摂る**。

⑥**入浴前、入浴後にコップ1杯水分を摂る**。汗が出るので老廃物の排出を促進し、デトックス効果があります。

⑦**寝る直前には水を飲みすぎない**。夜中に尿意を催すと睡眠の質が低下してしまいます。

スペシャルスムージー

食物の3大要素をより効率的に摂取できるのが「緑黄色野菜」です。しかし、日常の食事で野菜を豊富に摂るというのは、なかなか難しいでしょう。そこでお勧めなのがスムージーです。**スムージーは液体であるため身体に負担をかけず、吸収が良くて即効性があります。また、野菜を手軽に摂ることができるのもメリットです。**身体の疲れや老化を防ぐ抗酸化物質は、緑黄色野菜や淡色野菜に多く含まれています。

起床時は多くの栄養素が枯渇しています。目覚めた身体は軽い脱水症状を起こしています。そういった意味でも朝一番でスムージーを摂るのは身体に良いのです。

トップアスリートにもスムージーの愛飲家は多くいます。シャラポワは毎朝必ずスムージーを作って飲んでいました。アスリートとしてトップを極める、また身体をキレイに整えたいと願う彼女にとって、スムージーは必需品でしたね。

多くのアスリートとは、よく一緒にスムージーを作っていました。そんな中で生まれたスペシャルスムージーのレシピを3点紹介したいと思います。

Smoothie

ストロベリー
&
ラズベリー

- □ ストロベリー（8粒ほど）
- □ ラズベリー（10粒ほど）
- □ ほうれん草（ひと握り）
- □ ココナッツウォーター500ml（もしくは水）
- □ チアシード（大さじ2杯）
- □ オリーブオイル（大さじ2杯）

イチゴはビタミンCが豊富で白血球の活動を活発にし、体内に入ったウィルスや細菌を退治する力を持っています。免疫力向上、疲労回復が期待できます。ラズベリーはビタミンCや食物繊維が豊富で、腸内環境を整えてくれます。

Smoothie

グリーン・アップル
&
アボカド

- □ グリーン・アップル（1個）
- □ アボカド（半分）
- □ ほうれん草（ひと握り）
- □ ココナッツウォーター500ml（もしくは水）
- □ チアシード（大さじ2杯）
- □ オリーブオイル（大さじ2杯）

りんごに含まれる水溶性食物繊維のペクチンが消化を促進させ、胃酸のバランスを整えてくれます。アボカドに含まれる不飽和脂肪酸は、血中の悪玉コレステロールを減らし、血液をサラサラにして血栓を予防する効果も期待できます。

Smoothie

オレンジ & ショウガ

- □ オレンジ（1個）
- □ ショウガ（親指の大きさ）
- □ ほうれん草（ひと握り）
- □ ココナッツウォーター500ml（もしくは水）
- □ チアシード（大さじ2杯）
- □ オリーブオイル（大さじ2杯）

ショウガは血行を促進し、胃腸の働きを助け、消化吸収を促します。オレンジはビタミンＣや食物繊維が豊富で、免疫力を高めてくれます。

それぞれのレシピの材料をミキサーにかけるだけで簡単にスペシャルスムージーが完成します。ベースとなっているのはほうれん草、チアシード（シソ科の植物の種）、オリーブオイル、ココナッツウォーターです。ほうれん草は鉄分、ビタミンC、葉酸、ベータカロチンなど身体をいたわってくれる栄養素を豊富に含んでいます。チアシードにはオメガ3脂肪酸であるα-リノレン酸が豊富に含まれています。血液をサラサラにし、高血圧患者の血圧を大幅に下げる効果が確認されています。

オリーブオイルに含まれるポリフェノール類は、抗菌・抗ウィルス作用、免疫力アップにつながります。ただし、このポリフェノール類は体内に蓄積されないので、毎日摂取する必要があります。

ココナッツウォーターにはカリウムやナトリウム、マグネシウムなどの電解質が豊富に含まれているため、疲労回復に良いとされています。ココナッツの甘みを多少含んでいるので、より飲みやすく感じるかもしれません。

COLUMN C

アスリートの1日の食事

それでは、「栄養」のメソッドの最後に、アスリート達は実際にはどのような食生活を送っているのか、テニスプレーヤーを例に、1日の食事のメニューをご紹介しましょう。

まず朝食は軽めにすませます。欧米人の場合はやはりパン食が中心になります。その中で僕が選手達に特に勧めているのは、ブリトーやアボカド・トーストです。アボカド・トーストはアメリカではポピュラーな食べ物ですが、日本ではさほど浸透していないようなので、レシピを簡単に紹介しておきます。まず、スライスしたパンをトーストします。アボカドを半分に切った後、それをスプーンでくりぬいてパンに塗ります。さらに塩コショウを振り、かいわれ大根を添えるだけです。とても簡単にできて美味しく栄養価も高いので、ぜひ試してみてください。

午前の練習の後のランチは、パスタにチキン、また体脂肪減少を目指す人はサラダ・チキンをプラスするくらいのライトミールです。アスリートの食事としては軽すぎると思われるかもしれませんが、ヘビーな食事をすると胃腸に負担がかかってその後の練習の妨げになってしまいます。

休憩を入れて午後の練習を再開し途中適宜間食を摂ります。コートでの練習を終えたら、トレーニングに向かいます。その後にストレッチ、クールダウンを行います。

練習後にはまずプロテインを補います。そして夕食は肉、魚などタンパク質を多く摂ります。ステーキを夕食にする場合、早めの時間に摂ります。

おおまかにこんな感じです。思ったより食事量が少ないと感じられたのではないでしょうか。これは競技によっても大きく変わってくると思います。

また体重を減らす時期か、筋肉量を増やす時期かによっても食事内容は変わってきます。体脂肪を減らしたい場合は炭水化物の量を調節します。筋肉量を増やしたい場合は、プロテインの量で調節するのです。

おわりに

Conclusion

本書を手にしていただき、ありがとうございました。

僕自身、人生初の書籍執筆となりました。今まで僕が築いてきたキャリアの集大成の一つとして上梓できたことを嬉しく思います。表現することで僕の想いを読者の皆様と共有できるのは何よりの喜びと実感しています。そして書くことで僕自身の考え方や生き方、本書の中核である健康的な心・身体の大切さを再確認しました。

その身心の健康を実現する「トレーニング」「リカバリー」「栄養」の3つのメソッドが読者の皆様の知識と経験になれば幸いです。

僕自身、常に健康に関して高い意識を持って生活しているつもりですが、このような内容を執筆することで、改めてその難しさ、理想と現実の違いを痛感しています。頭では分かっていても、実行するのは難しい……。僕も日々、本書を読み直すことで、気づきが生まれ、再認識させられるでしょう。

最後に、本書の出版に関して楓書店の岡田剛さんには大変お世話になりました。僕が海外を飛び回っているため、直接の打ち合わせの機会は多くありませんでしたが、日本とフロリダでパソコンのモニターを通して、岡田さんの本書に対する情熱が伝わってきました。そして、僕のマネジャーで、高校時代のダブルスパートナーだった加藤正朗にもこの場を借りて感謝を伝えたいと思います。時差のある中で、取材のスケジュール管理から、内容についてのアドバイス、率直な意見交換をしてくれました。

最後に、僕の最愛の妻、そして両親にお礼の言葉を述べさせてください。妻は私の一番の良き理解者ですし、両親は高校卒業の際、渡米の決断に、力強く僕の背中を押してくれました。サンキュー。

この本を手にされた読者の皆様が、少しでも「トレーニング」「リカバリー」「学養」に興味を持ち、健康でポジティブな人生を歩まれることを願っています。

2024年春
中村　豊

中村豊（なかむら・ゆたか）

ストレングス＆コンディショニングコーチ。1972年生まれ。高校卒業後アメリカにテニス留学。スポーツトレーナーという職業に興味を持ち、カリフォルニア州チャップマン大学で運動生理学、スポーツサイエンスを学ぶ。

1998年、サドルブルック・テニスアカデミーのトレーニングコーチに就任。2000年、女子テニスプレーヤー、ジェニファー・カプリアティのトレーナーに就任し、翌年世界№1に導く。2004年よりIMGアカデミーに所属し、錦織圭のトレーニングを14歳から20歳まで受け持つ。2011年よりマリア・シャラポワの専属トレーナーに就任。シャラポワの黄金期を7年間支える。2020年6月、大坂なおみの専属トレーナーに就任。わずか2ヵ月でスランプに陥っていた大坂を再生させ、全米、全豪と立て続けのメジャータイトル奪取に貢献。世界のプロスポーツ界で最も注目されるフィジカルトレーナーのひとり。

協力	加藤正朗（バード合同会社）
	中野一郎（ソウルマン）
装丁	重原隆
本文デザイン	ヤマシタツトム
本文イラスト	木村真
構成・ライティング	岡田剛

No.1アスリートを育てたカリスマトレーナーが教える
世界最高のフィジカル・マネジメント
誰もが健全なカラダに生まれ変わる3つのメソッド

2024年5月7日　第1刷発行
2024年11月12日　第3刷発行

著者	中村豊
発行者	岡田剛
発行所	株式会社 楓書店 〒150-0001 東京都渋谷区神宮前3-25-18 2F TEL 03-5860-4328 http://www.kaedeshoten.com
発売元	株式会社 ダイヤモンド社 〒150-8409 東京都渋谷区神宮前6-12-17 TEL 03-5778-7240（販売） https://www.diamond.co.jp/
印刷・製本	シナノ書籍印刷株式会社

ISBN978-4-478-11383-7